中国村镇银行
可持续发展研究

Research on the Sustainable Development of
Village Banks in China

常戈 著

经济管理出版社

ECONOMY & MANAGEMENT PUBLISHING HOUSE

图书在版编目（CIP）数据

中国村镇银行可持续发展研究/常戈著.—北京：经济管理出版社，2015.12

ISBN 978－7－5096－4032－6

Ⅰ.①中…　Ⅱ.①常…　Ⅲ.①农村金融—商业银行—可持续性发展—研究—中国

Ⅳ.①F832.35

中国版本图书馆 CIP 数据核字(2015)第 266310 号

组稿编辑：宋　娜
责任编辑：杨雅琳
责任印制：黄章平
责任校对：王　淼

出版发行：经济管理出版社
　　　　　（北京市海淀区北蜂窝 8 号中雅大厦 A 座 11 层　100038）
网　　址：www. E－mp. com. cn
电　　话：(010) 51915602
印　　刷：三河市延风印装有限公司
经　　销：新华书店
开　　本：720mm×1000mm/16
印　　张：9
字　　数：150 千字
版　　次：2015 年 12 月第 1 版　2015 年 12 月第 1 次印刷
书　　号：ISBN 978－7－5096－4032－6
定　　价：88.00 元

第四批《中国社会科学博士后文库》
编委会及编辑部成员名单

本书获中国博士后科学基金面上资助项目资助。

序　言

2015 年是我国实施博士后制度 30 周年，也是我国哲学社会科学领域实施博士后制度的第 23 个年头。

30 年来，在党中央国务院的正确领导下，我国博士后事业在探索中不断开拓前进，取得了非常显著的工作成绩。博士后制度的实施，培养出了一大批精力充沛、思维活跃、问题意识敏锐、学术功底扎实的高层次人才。目前，博士后群体已成为国家创新型人才中的一支骨干力量，为经济社会发展和科学技术进步作出了独特贡献。在哲学社会科学领域实施博士后制度，已成为培养各学科领域高端后备人才的重要途径，对于加强哲学社会科学人才队伍建设、繁荣发展哲学社会科学事业发挥了重要作用。20 多年来，一批又一批博士后成为我国哲学社会科学研究和教学单位的骨干人才和领军人物。

中国社会科学院作为党中央直接领导的国家哲学社会科学研究机构，在社会科学博士后工作方面承担着特殊责任，理应走在全国前列。为充分展示我国哲学社会科学领域博士后工作成果，推动中国博士后事业进一步繁荣发展，中国社会科学院和全国博士后管理委员会在 2012 年推出了《中国社会科学博士后文库》（以下简称《文库》），迄今已出版四批共 151 部博士后优秀著作。为支持《文库》的出版，中国社会科学院已累计投入资金 820 余万元，人力资源和社会保障部与中国博士后科学基金会累计投入 160 万元。实践证明，《文库》已成为集中、系统、全面反映我国哲学社会科学博士后优秀成果的高端学术平台，为调动哲学社会科学博士后的积极性和创造力、扩大哲学社会科学博士后的学术影响力和社会影响力发挥了重要作用。中国社会科学院和全国博士后管理委员会将共同努力，继续编辑出版好《文库》，进一步提高《文库》的学术水准和社会效益，使之成为学术出版界的知名品牌。

哲学社会科学是人类知识体系中不可或缺的重要组成部分，是人们认识世界、改造世界的重要工具，是推动历史发展和社会进步的重要力量。建设中国特色社会主义的伟大事业，离不开以马克思主义为指导的哲学社会科学的繁荣发展。而哲学社会科学的繁荣发展关键在人，在人才，在一批又一批具有深厚知识基础和较强创新能力的高层次人才。广大哲学社会科学博士后要充分认识到自身所肩负的责任和使命，通过自己扎扎实实的创造性工作，努力成为国家创新型人才中名副其实的一支骨干力量。为此，必须做到：

第一，始终坚持正确的政治方向和学术导向。马克思主义是科学的世界观和方法论，是当代中国的主流意识形态，是我们立党立国的根本指导思想，也是我国哲学社会科学的灵魂所在。哲学社会科学博士后要自觉担负起巩固和发展马克思主义指导地位的神圣使命，把马克思主义的立场、观点、方法贯穿到具体的研究工作中，用发展着的马克思主义指导哲学社会科学。要认真学习马克思主义基本原理、中国特色社会主义理论体系和习近平总书记系列重要讲话精神，在思想上、政治上、行动上与党中央保持高度一致。在涉及党的基本理论、基本路线和重大原则、重要方针政策问题上，要立场坚定、观点鲜明、态度坚决，积极传播正面声音，正确引领社会思潮。

第二，始终坚持站在党和人民立场上做学问。为什么人的问题，是马克思主义唯物史观的核心问题，是哲学社会科学研究的根本性、方向性、原则性问题。解决哲学社会科学为什么人的问题，说到底就是要解决哲学社会科学工作者为什么人从事学术研究的问题。哲学社会科学博士后要牢固树立人民至上的价值观、人民是真正英雄的历史观，始终把人民的根本利益放在首位，把拿出让党和人民满意的科研成果放在首位，坚持为人民做学问，做实学问、做好学问、做真学问，为人民拿笔杆子，为人民鼓与呼，为人民谋利益，切实发挥好党和人民事业的思想库作用。这是我国哲学社会科学工作者，包括广大哲学社会科学博士后的神圣职责，也是实现哲学社会科学价值的必然途径。

第三，始终坚持以党和国家关注的重大理论和现实问题为科研主攻方向。哲学社会科学只有在对时代问题、重大理论和现实问题的深入分析和探索中才能不断向前发展。哲学社会科学博士后要根据时代和实践发展要求，运用马克思主义这个望远镜和显微镜，增强辩证思维、创新思维能力，善于发现问题、分析问题，积极推动解决问题。要深入研究党和国家面临的一系列亟待回答和解决的重大理论和现实问题，经济社会发展中的全局性、前瞻性、战略性问题，干部群众普遍关注的热点、焦点、难点问题，以高质量的科学研究成果，更好地为党和国家的决策服务，为全面建成小康社会服务，为实现"两个一百年"奋斗目标和中华民族伟大复兴中国梦服务。

第四，始终坚持弘扬理论联系实际的优良学风。实践是理论研究的不竭源泉，是检验真理和价值的唯一标准。离开了实践，理论研究就成为无源之水、无本之木。哲学社会科学研究只有同经济社会发展的要求、丰富多彩的生活和人民群众的实践紧密结合起来，才能具有强大的生命力，才能实现自身的社会价值。哲学社会科学博士后要大力弘扬理论联系实际的优良学风，立足当代、立足国情，深入基层、深入群众，坚持从人民群众的生产和生活中，从人民群众建设中国特色社会主义的伟大实践中，汲取智慧和营养，把是否符合、是否有利于人民群众根本利益作为衡量和检验哲学社会科学研究工作的第一标准。要经常用人民群众这面镜子照照自己，匡正自己的人生追求和价值选择，校验自己的责任态度，衡量自己的职业精神。

第五，始终坚持推动理论体系和话语体系创新。党的十八届五中全会明确提出不断推进理论创新、制度创新、科技创新、文化创新等各方面创新的艰巨任务。必须充分认识到，推进理论创新、文化创新，哲学社会科学责无旁贷；推进制度创新、科技创新等各方面的创新，同样需要哲学社会科学提供有效的智力支撑。哲学社会科学博士后要努力推动学科体系、学术观点、科研方法创新，为构建中国特色、中国风格、中国气派的哲学社会科学创新体系作出贡献。要积极投身到党和国家创新洪流中去，深入开展探索性创新研究，不断向未知领域进军，勇攀学术高峰。要大力推进学术话语体系创新，力求厚积薄发、深入浅出、语言朴实、文风清新，力戒言之无物、故作高深、食洋不化、食古不化，不断增强我国学术话语体系的说服力、感染力、影响力。

"长风破浪会有时，直挂云帆济沧海。"当前，世界正处于前所未有的激烈变动之中，我国即将进入全面建成小康社会的决胜阶段。这既为哲学社会科学的繁荣发展提供了广阔空间，也为哲学社会科学界提供了大有作为的重要舞台。衷心希望广大哲学社会科学博士后能够自觉把自己的研究工作与党和人民的事业紧密联系在一起，把个人的前途命运与党和国家的前途命运紧密联系在一起，与时代共奋进、与国家共荣辱、与人民共呼吸，努力成为忠诚服务于党和人民事业、值得党和人民信赖的学问家。

是为序。

张江

中国社会科学院副院长

中国社会科学院博士后管理委员会主任

2015 年 12 月 1 日

摘　要

　　2006 年底以来，在监管部门调整放宽农村地区银行业金融机构准入等一系列政策的推动下，以村镇银行为代表的新型农村金融机构迅速发展。截至2013 年末，全国共组建村镇银行1071 家，覆盖31 个省份、1083 个县（市），资产余额达 6289 亿元，在贷款结构中，农户贷款 1455 亿元，小企业贷款 1825 亿元，两者占比达90%。村镇银行的蓬勃兴起，有效地缩小了城乡金融差距，改善了农村地区金融服务，从边际上推动了农村、农业、农民（以下简称"三农"）问题的化解。但是从整体来看，村镇银行还处于发展的初级阶段，面临着诸多发展"瓶颈"：主发起行一股独大，民间资本难融入；发展目标定位不清，普惠金融覆盖面有限；社会认同度低，资金组织形势严峻；面临风险复杂，容易引发系统性危机；基础设施落后，形成"金融孤岛"；政策支持有限，缺乏差异化监管体系等。如何有效促进村镇银行稳健、可持续发展，已成为值得深入研究和解决的现实课题。

　　本书结合目前国内农村金融市场的供求结构及国际微型金融发展经验，以山东地区部分村镇银行发展为典型案例，探索适合我国村镇银行的科学发展路径。通过对山东地区多家村镇银行的实地考察研究，梳理了目前各家村镇银行发展中的共性特点与个性特点。调研显示，村镇银行发展空间较大，支持小微企业是生存之道，但是经营方面面临着风险管理基础薄弱、公司治理有效性不足、信息科技支撑不足、网点铺设受限、缺乏规模效应等诸多共性难题。各家村镇银行管理模式和经营绩效的对比说明，发起行的过度管制，特别是采用分支式的管理方式将村镇银行定位为自身的分支机构，在风险管理上并不见得能够取得实效，反而会抑制村镇银行根据当地客户情况创新经营模式、优化风险防控手段。因此，发起行应注重配合当地股东，构建有效的治理结构，依靠村镇银行自身良好的治理机制和内控体系保障业务的稳健发展，实现支持"三农"和可持续发展的动态平衡。

基于理论和经验实证，本书提出了实现村镇银行可持续发展的路径。一是合理定位市场，推动农村经济转型。在市场定位方面，村镇银行应主要关注被现有正规金融机构忽视的县域经济中的农村地区。在网点选址方面，应重点关注乡镇，而非县城，便于接近客户、收集信息、错位竞争。在金融服务方面，应满足多元化金融需求，推动农村经济的转型。村镇银行应致力于解决种养大户、私营业主、家庭农场等组织化经营主体的资金约束问题，加大对从事农产品生产、加工和流通以及农村生活服务的农村小微企业的金融支持力度，提升和完善县城及建制镇的城镇功能。二是优化股权结构，建立科学的治理机制。应逐步放宽非金融机构单一股东持有村镇银行股份不高于10%的要求，最大限度地撬动民间资本投资，通过主发起行的杠杆作用，引导民间借贷向正规金融靠拢。村镇银行可建立"小而精"的董事会决策机构和议事规则，形成完善的财产"委托—代理"关系，同时应将治理结构和发起行的管理模式有机结合，在农村地区发挥村镇银行特有潜能，灵活地"支农支小"。村镇银行还应建立健全各项规章制度，全面构建风险防范的长效机制。三是创新经营模式，提升差异化竞争能力。村镇银行应适应小额信贷特点，推行更为灵活的信贷方式；充分发挥村组织及农村合作组织的作用，实现联动经营；参与组织以产业链为基础的集群管理关系，促进农业产业化发展；融合互联网金融，提升小微客户细分与深挖能力。四是加大政策支持，营造良好的农村金融生态。政府和监管部门应扶持村镇银行拓宽资金来源渠道，缓解资金压力；畅通村镇银行网络渠道，提高金融服务效率；完善政策支持体系，改善基础金融服务环境；健全存款保险制度，合理分摊清退风险；落实差异化监管，促进村镇银行可持续发展。

关键词：村镇银行；"三农"问题；可持续发展；差异化监管

Abstract

Since the end of 2006, with the series of policies by the government which adjusted and relaxed the access of banks into rural areas, the new rural financial institutions such as village banks have developed rapidly. By the end of 2013, there were 1071 village banks in 31 provinces, covering 1083 counties, with the total asset of 628.9 billion RMB Yuan. There were 145.5 billion RMB Yuan farmers' loan and 182.5 billion RMB Yuan small business loan, which accounted up to 90% in loan structure. The rapid development of village banks effectively reduced the financial gap between urban and rural areas, improved the financial services in rural areas, and marginally solved the "three rural" issues. However, the village banks are still in the early stage of development and there are many thresholds. The private capital is hard to integrate; unclear developing target and limited financial coverage; low social recognition and hard capital organization; the complex risks might trigger to system crisis; the old infrastructure might form "financial island"; the limited policy support and the weak basic regulatory power. It has become a realistic problem that is worth to study and solve, how to effectively promote the stable and sustainable development of village banks.

This research combines the structure of domestic rural financial supply and demand and the experiences of development in international micro finance. With the typical case of Shandong village banks and field investigation in Shandong, this research explored the scientific development path of village banks in China and specified the common and unique characters of village banks: the large development space and providing the support the small and micro units; the difficulties and challenges in operation; the different management modes determine the different performance. The comparing among operation modes and performances of village banks showed that the over ruled management from the initial bank, especially using the branch – sub branch managing mode, might not achieve the effective risk management and would inhibit the innovation in localized operation mode and the optimism in risk control. On the contract, the initial bank should cooperate with the local shareholders in constructing the effective corporate government and achieve the balance between the support of "three rural" and sustainable development relied on the stable development of village banks with the effective governance mechanism and internal control system.

Based on theory and the real case study, this research pointed out the sustainable development path of village banks. First, reasonable market positioning, improvement of agricultural economic transformation. In market positioning, village banks should mainly focus on the areas ignored by the formal financial institutes. In network location, village banks should pay attention to the township not cities, to access customers, to gather information and to make dislocation competition. In financial service, village banks should improve the agricultural economic transformation to meet the diversified financial needs. Village banks should focus on the capital constrains of large farmers, private owners, family farms, in order to enhance the financial support to the agricultural production, processing and circulation and improve the rural life and the urban function of towns. Second, the optimism of ownership structure, the establishment of scientific management mechanism. The research pointed out that the progressive liberalizing the 10% upper limit of the percentage a single non – financial institute could hold might maximize the usage of private capital by leverage effect and guidance from initial bank. Village banks could setup "small but excellent" board of directors decision and execution procedure to achieve the property "principal – agent" relationship. Meanwhile village banks should combine the management structure with the one from the initial banks, and should play flexible roles to support "agricultural and small" in rural areas. Village banks should establish and improve the rules and regulations, in order to build a comprehensive risk prevention mechanism. Third, the innovation of operation mode, the enhancement of differentiated competitiveness. Village banks should adapt to the characters of micro credits and provide more flexible credit. Village banks should develop the usage of the village organizations and rural cooperative organizations and achieve the linked operation. Village banks should organize the management relationship based on the industrial chain and improve the development of agricultural industrialization; the customer segmentation and digging should be improved integrated with internet finance. Forth, the enhancement of policy support, buildup of the rural financial ecology. The government should support village banks broaden the sources of funds and encourage agricultural capital investment; smooth the village bank network and improve the service efficiency; enhance the policy support system and improve the basic financial environment; establish the deposit insurance system and reasonably re – allocate the repayment risks; implement the differentiated supervision and make the sustainable development of village banks.

Key Words: Village Bank; Issues of Agriculture; Farmer and Rural Area; Sustainable Development; Differential Regulation

目　录

Contents

第一章　导　论

第一节　研究的背景与意义

长期以来，在经济发展的聚集效应和城市导向的政策体制作用下，大量的生产要素和经济剩余从农村向城市集中、从农业向工业集中，而贡献了大量要素资源的农业、农村和农民却被排斥在工业化和现代化进程之外（郭少新，2006），我国的经济发展呈现出"城乡分割、工农排斥"的二元经济结构特征。农民贫困、农业萎缩、农村凋敝的"三农"问题日益突出，制约着城乡市场的发展，影响着经济增长的效益和质量，威胁着社会的公平和稳定，成为我国经济社会发展中迫切需要解决的问题。

金融是现代经济的核心，实现农业发展、农村繁荣和农民增收的目标，离不开金融的服务与支持。由于农村金融市场存在严重的信息不对称，加之抵押品缺失和信用环境紊乱，大型商业银行缺乏涉足农村信贷市场的动力，广大农户和农村地区中小企业面临融资约束。为从根本上解决农村金融供给不足、切实提高农村金融服务的充分性，监管当局开展了一系列新型农村金融机构试点工作，旨在构建"多层次、广覆盖、可持续"的农村金融体系。2006 年底以来，在中国银监会调整放宽农村地区银行业金融机构准入等一系列政策的推动下，以村镇银行为代表的新型农村金融机构迅速发展。截至 2013 年末，全国共组建村镇银行 1071 家，覆盖 31 个省份、1083 个县（市），资产余额达 6289 亿元，在贷款结构中，农户贷款 1455 亿元，小企业贷款 1825 亿元，两者占比达 90%。村镇银行的蓬勃兴起，有效地缩小了城乡金融差距，改善了农村地区金融服务，从边际上推动了"三农"问题的化解。但是从整体来看，村镇银行还处于发展的初级阶段，面临着市场定位、治理结构、资金筹集、风险控制、监管体系建设等一系列问题，还需要在实践中探索。

自村镇银行进入试点阶段以来，国内理论界与实践部门给予了极大关注，研究范围涉及设立意义、指导思想、存在的问题及制约因素、政策与监管等诸多方面，形成了一些较有代表性的观点。关于村镇银行设立的意义，较为一致的观点是：村镇银行的设立在体制上是一种探索和创新，完善了我国的金融体系结构。设立村镇银行属于一种增量金融供给，通过适当降低门槛，充分调动各类民间资本、城市金融资本甚至外资到农村地区创业发展，可以有效解决农村地区金融供给不足的问题；设立村镇银行可以提高农村地区金融机构覆盖率，促进农村经济的实质性增长；村镇银行可以激活农村金融市场，通过竞争来提升当地整体农村金融服务水平。在村镇银行指导思想方面达成的共识是：发展村镇银行的目的是服务社会主义新农村，解决"三农"问题；村镇银行应坚持低门槛、严监管原则；村镇银行的性质不是扶贫机构，而是企业，要按照现代金融企业市场化的方式经营。针对村镇银行试点、运营中存在的问题及制约因素，学者们从不同侧面提出了自己的观点。如周逢民（2010）、冯静生（2011）等认为，组建村镇银行最大的问题在于发起模式的选择，发起行定位不清导致大银行基本不管、中银行策略不稳、小银行条件不足、社会资本参与度不高。梁静雅、王修华和杨刚（2012）指出，村镇银行改革由于自上而下的特点倾向于过于谨慎的演进路径，创新力度不足，政府主导的制度变迁容易形成对存量改革模式的路径依赖，而且会不断自我强化，使改革演变成为另一次体制内金融力量的扩张。杜晓山（2008）、国务院发展研究中心课题组（2010）、郭兴平（2012）等认为，不少村镇银行在人才和管理上、股东之间的协调配合上、资金来源等方面都不同程度地存在问题；村镇银行当前面临的最大挑战是仍然按照传统银行的理念与业务实践来经营；"银行主导"模式限制了民间资本的积极介入和广泛参与；在产品设计和业务流程方面，一些村镇银行与普通银行没有太大的差别，业务创新能力不足；许多农民、企业往往拿不出符合银行要求的抵押担保条件与财务报表；村镇银行的主要定位是解决涉农小微企业以及农户的贷款问题，但在实际操作过程中却容易偏离"三农"，游离于农村金融市场的边缘；农村信用环境和制度建设、农业保险等配套措施不完善，加大了金融机构的经营风险等。

李莉莉（2007）、秦汉锋（2008）等提出村镇银行的制度安排体现了改革理念、路径和目标的创新，但在现有的体制环境下还无法实现功能与绩效最大化，需要配套的制度建设，才能保障可持续发展。关于对村镇银行的政策扶持与监管，学者及实践部门提出了许多建议。如监管部门应给村镇银行配套建立民营的金融担保公司，要求银行购买担保之后才能经营（徐滇庆，2008）；国家应出台更多的正向激励政策，综合运用财税杠杆和货币政策工具，引导村镇银行延伸和发展针对农村和农户的金融服务（赵志刚、巴曙松，2011）；应建立金融监管的长效机制，完善村镇银行监管体系，建立独特的监管框架，完善相关法律法规和监管方法，构建国家层面的监管协调机制，防止村镇银行的资金"脱农"和违法违规行为（杜晓山，2008；吴少新、许传华、张国亮、徐慧玲，2010）；推行村镇银行子银行的批量化组建模式，充分发挥规模效应，提升综合管理水平等（曹凤岐、夏斌，2012）。

各类问题和论述的提出，都围绕着村镇银行这一新型金融机构能否在农村金融市场上实现可持续发展这一核心问题展开。作为具有特殊区域性和政策要求的金融机构，村镇银行的可持续发展既要实现机构本身财务上和组织上的可持续发展，更体现在服务当地农户及农村经济的可持续性上，这就要求村镇银行在商业化运作的基础上能够收益覆盖成本，形成稳定经营的良性循环，同时将自身的生存与发展与服务对象的利益置于休戚与共的关系中，保障服务辐射到农村空白区域和弱势群体，完善普惠金融体系，缓解农村金融市场的供需矛盾。基于此，本书通过学习借鉴国外乡村和社区银行发展的成功经验，结合目前国内村镇银行发展过程中的具体案例，研究我国村镇银行的可持续发展问题，一方面分析如何推动村镇银行真正服务于"村镇"，促进农村经济社会转型发展；另一方面探索村镇银行如何提高盈利能力和发展质量，进一步完善服务"三农"的金融功能，期望能为农村良好金融生态的构建、村镇银行的科学发展献计献策。

第二节　研究的内容与结构

首先，本书结合村镇银行的经营特点和农村金融市场的供求状况，探讨了发展村镇银行的必要性和可行性。随着农村经济格局的深刻变化，农村金融需求呈现多层次和差异性的特点，金融供给和需求呈现结构性的不平衡。以村镇银行为代表的新一轮增量金融改革应运而生，旨在通过制度性的金融创新，改变民间金融长期游离于体制之外的现象，解决农村信贷活动中存在的信息严重不对称、贷款运行成本高等问题，增加有效金融供给；以现有商业银行为主导，采取外生金融与内生金融相结合的方式，通过体制外增量改革倒逼体制内存量改革，打破农村金融市场因竞争缺失导致的低效率，并逐步改善农村经济发展长期依赖财政补贴支持的状况，培育农村市场机制。基于此，本书尝试厘清村镇银行的合理市场定位，指出基于村镇银行的特点适合做散、做小，主要市场应是农村而非县域，网点布局应在乡镇而非县城；应满足农户专业化、农业产业化和农村城镇化等多元化的金融需求，推动农村经济的转型发展。

其次，通过梳理村镇银行建设的国际经验，总结村镇银行可持续发展的一般规律。简要分析了孟加拉格莱珉银行、印度尼西亚人民银行乡村信贷部、玻利维亚阳光银行、美国和澳大利亚社区银行的发展模式和经营管理方式，简要介绍了日本、韩国农民协会系统促进农村金融发展的典型经验。各家银行的可持续发展具有一定的规律性，包括经营定位清晰、经营规模集约、经营条件灵活、坚持商业化原则、政府的支持和引导、差异化的监管环境等。本书还进一步揭示了各家银行如何借助社区内部的信息机制和激励约束机制，实现外部信息的内部化，提高贷款偿还率，实现可持续发展与较高覆盖率的双重目标。同时，剖析了部分村镇银行出现经营困难的内在原因，如印度安德拉邦小额信贷危机（主要缘由为财务绩效和社会绩效的矛盾、政府的不当干预、客户过度负债）等，为我国村镇银行的发展提供了启示。

再次，本书研究了我国村镇银行发展的现状和存在的问题。回顾我国村镇银行的发展历程和政策变迁，总结了近年来村镇银行在发起规模和节奏、发起主体、设立区域、经营结构及业务领域的主要特征。重点对村镇银行的各类管理模式进行了比较分析，将管理部式、总分行式、分支式和股东共管式的优势和缺陷展开对比研究。针对当前村镇银行运行的整体情况，揭示了现有的一系列突出问题，包括发起行一股独大影响民间资本融入；目标定位不清使普惠金融覆盖有限；社会认同度低引致资金组织困难；基础设施落后，形成金融服务"孤岛"；风险分散复杂，基层监管力量薄弱，容易引发系统性危机等。村镇银行要在农村的环境中改善生存条件并谋求发展，就必须在区域分布、治理结构、经营机制、运作流程、监管环境等方面进一步契合农村的社会结构和经济环境，从而实现服务"三农"与自身可持续发展的"双赢"格局。

复次，笔者利用在山东省潍坊市挂职锻炼的机会，通过现场调查、座谈走访等方式对山东省特别是潍坊地区的村镇银行开展了实地调研，掌握了高密惠民村镇银行、青州中银富登村镇银行、寒亭蒙银村镇银行、诸城建信村镇银行、寿光张农商村镇银行、临朐聚丰村镇银行、东营莱商村镇银行等多家村镇银行的实际运行案例。特别是寿光张农商村镇银行、青州中银富登村镇银行和东营莱商村镇银行分别代表着不同的发起模式、治理结构和管理文化，也决定了其不同的发展轨迹和经营绩效。典型案例的梳理，为村镇银行如何建设科学的治理机制、优化经营模式、完善风险管理体系等提供了参考。

最后，在前文理论和经验实证的基础上，本书从目标市场定位、治理体系建设、经营模式创新、政策支持和保障等方面探索了推动村镇银行可持续发展的路径和策略。针对前文概括的一系列困难和挑战，提出了有关政策建议，如村镇银行应坚持市场定位小微化、经营人员本土化和发展机制市场化；优化股权结构、完善公司治理、强化内部控制；推行更为灵活的信贷方式，充分发挥村组织及农村合作组织的作用，融合非正规金融体系和互联网金融的比较优势；参与组织以产业链为基础的集群管理关系，促进农业产业化发展和农村经济转型等。本书着重强调了政府政策支持和监管环境建设的重要性，提出要实现村镇银行的可持续发展，必须加大财税扶持力度、拓宽资金来源渠道、畅通网络渠道、加快建立存款保险体系、落实差异化监管政策，切实改善农村的金融生态环境。

第二章 村镇银行的内涵与发展定位

第一节 村镇银行的概念

村镇银行是指经中国银行业监督管理委员会依据有关法律法规批准，由境内外金融机构企业法人、境内非金融机构企业法人、境内自然人出资，在农村地区设立的主要为当地农民、农业和农村经济发展提供金融服务的银行业金融机构。

村镇银行与一般商业银行存在以下区别：

一是市场定位。服务"三农"是村镇银行建立的指导思想和发展目标。农村地区人口分散、收入水平低，受农作物周期、天气及自然灾害影响大，经营成本和综合风险较城市银行业务更高，因此金融供给稀缺。村镇银行经营对象定位于农村农户、农村小微企业，贷款手续简便、经营对象细分、地理区位方便等特点能够在一定程度上满足农户、农村小微企业的融资需求，缓解其贷款难问题，填补基层金融服务的空白。

二是准入规模。商业银行的注册资本最低限额为 10 亿元人民币，设立城市商业银行的注册资本最低限额为 1 亿元人民币，设立农村商业银行的注册资本最低限额为 5000 万元人民币。根据《村镇银行管理暂行规定》，在县（市）设立的村镇银行，不得低于 300 万元人民币，在乡（镇）设立的村镇银行，不低于 100 万元人民币。

三是治理结构。村镇银行组织形式是股份有限公司，要求有符合现代企业制度要求的清晰产权结构和法人治理结构，并针对机构规模小、业务简单的特点，实行简洁、灵活的公司治理。村镇银行属于一级法人机构，在行政上无上级管理部门，管理层次少、结构集约、扁平化的组织结构更有利于减轻"委托—代理"问题，便于其在运行中及时反应、迅速决策，更好地开展"三农"服务。

四是经营模式。村镇银行是一种服务农村的社区商业银行，在某种程度上是一种关系型银行，具有办理关系型贷款的优势，可以利用农村社区中的人缘、地缘优势和信息获取优势降低交易费用，增加贷款审查和贷后监督的有效性。

五是地域和业务限制。村镇银行在业务地域上有着严格限制，不得跨县吸收存款，不得跨县发放贷款，以保证村镇银行的资金"取之于当地、用之于当地"。村镇银行信贷资金应充分满足县域内"三农"客户发展需要，富余资金可投向当地其他产业、购买涉农债券或向当地其他金融机构融资。

第二节 我国农村金融市场的供求状况

目前，我国农村金融体系是一种以正规性金融为主导、非正规性金融为补充的体系结构。正规金融机构主要有中国农业发展银行、中国农业银行、农村信用社、农村合作银行、农村商业银行、中国邮政储蓄银行、村镇银行等银行业金融机构。截至 2012 年末，全国已有 337 家农村商业银行、147 家农村合作银行、1927 家农村信用社、800 家村镇银行、49 家农村资金互助社、14 家贷款公司（见表 2－1）。其中，农业发展银行、农业银行和农村信用社是农村金融的主要供给方。从资金投放规模来看，农业银行、农村信用社和农业发展银行的农业贷款规模为 42774.64 亿元，占各类金融机构农业贷款总额的 78.13%；农村信用社、农村合作银行农户贷款余额为 17761.7 亿元，占比达 80.03%。①

随着农村经济格局的深刻变化，农村金融需求呈现出多层特征。既有传统个体农户的金融需求，又有横跨种植养殖加工类企业的金融需求，还有承担农村基础设施建设的政府投融资平台的金融需求。农业企业、农村

---

① 以上为 2010 年数据。

经济组织以及农地集约化经营等规模经营模式逐渐成为趋势。与之相适应，农村金融需求也呈现出与以往不同的特征，以资金需求为例，农村政府投融资平台资金需求从财政扶持的农村道路建设、农村中低产田建设的资金需求向农村专业化市场建设、农村特色经济组织建设的资金需求转变。农村中小企业在完成乡镇企业向民营企业转制过程中逐渐积累了原始资本，横跨多行业、多产业经营的综合客户逐渐增多，金融需求既有用于建设的长期资金需求，也有短期流动资金需求。农户贷款已经基本改变了传统的"春种秋还"的模式，向规模养殖产品加工转变，承贷主体由纯农户向个体工商户、小微企业业主逐步演变。

表 2－1　主要涉农金融机构相关情况（2012 年）

机构名称	机构数（家）	营业性网点数（个）	从业人员数（人）
农村信用社*	1927	49034	502829
农村商业银行	337	19910	220242
农村合作银行	147	5463	55822
村镇银行	800	1426	30508
贷款公司	14	14	111
农村资金互助社	49	49	421
合计	3274	75896	809933

注：＊此处不包含农村商业银行和农村合作银行。

资料来源：中国银监会。

与我国农村经济区域化特色发展相适应，农村金融需求在不同区域也呈现出较大的差异性。在东部和沿海等发达地区，由于农民的就业和收入已非农化，金融需求主要表现为农村城市化和工业化的需要；在中部地区，特别是农业主产区，由于农业生产仍亟待规模扩大与质量提升，金融需求更多体现为农业生产的需要；在欠发达地区，农民缺乏应对大项支出和临时性支出的能力，金融需求主要表现为消费型生活需求。另外，即使在同一区域的农村内部，金融需求也呈现多元化，企业与农户之间、规模不同的企业之间、生产模式不同的农户之间，对金融服务的需求也存在差异。例如，一般种植业农户的金融需求主要是小额信贷，而当地的农业龙头企业则是用于规模化及专业化经营的大额贷款。

农村金融市场的供给与需求呈现结构性的不平衡。较为发达的农村地区，涉农企业和组织的金融供给较为丰富；较为落后的农村地区，小农经济、农民的金融供给相对不足，需求得不到有效满足。农村金融机构的网点向富裕地区集中，客户向大型企业、当地政府关系户集中。在区域结构上，东部沿海地区县域经济发展较快，汇聚着商业性、股份制、合作制等诸多金融机构，农村金融需求满足度相对较高。中部地区和西部地区经济总量相对偏小，农业基础设施差，耕作方式落后，生产效率低下，农村金融需求中，传统的农牧业种植、养殖的需求相对较大，对小额贷款的需求旺盛；具备一定规模的企业群体较少，企业类金融需求相对东部地区不足，加之中部地区和西部地区服务于"三农"的金融机构数量和类型较少，农村金融需求满足度相对较低。

这种供需结构使农村地区资金稀缺的状况始终难以改变。各家大、中型商业银行的市场定位趋同，都盯住收入中等偏上的县域高端客户进行"白热化"抢夺，而收入较低的农户及资金需求量大的农村经济组织、农民专业合作社、农村小微企业基本被农村金融机构"冷处理"和"边缘化"。[①] 这一冷一热实质是一般商业银行程式化的信息筛选和风险评估机制难以适应农村金融需求，特别是建立在抵押、担保和现金流等分析基础上的"现代信贷技术"并不适应低端农户市场，较高的信息和营运成本限制了金融交易扩展的广度和深度。据统计，我国商业银行和农村信用社提供的贷款仅占农村资金需求的25%，仍有大部分的资金需求只能通过民间金融渠道满足（见表2-2）。农户居民93.95%的借贷笔数是在亲戚、邻里和朋友之间进行的，在总体的借贷行为中以合同形式表达借贷关系的仅占15.3%。农户从银行、信用社等正规金融机构借入资金仅为借款总额的13.9%，从私人或其他非金融机构借入资金则占借款总额的86.06%，大部分资金借贷是在农村内部解决的（吴少新，2012）。同样，无论是常规的信贷评估手段还是标准的信贷产品和交货系统，对微型企业都难以适用，因为这些企业由家庭经营管理，缺乏正规组织结构和运作（沈颢，2012）。

---

① 中国农业银行的目标客户主要是农村的大、中型企业，中国邮政储蓄银行主要发放个体工商户贷款，其他商业银行基本不涉足农户贷款市场。马晓青等（2008）对云南、宁夏近800个农户家庭的调查发现，各家大、中型商业银行缺乏为农户服务的动力，对样本农户贷款的有效需求满足率仅为28%，基本放弃了农户信贷市场。

表 2 - 2 我国农村地区信贷需求与供给状况

信贷需求主体	主要信贷需求特征	借贷方式	金融机构满足状况
低收入层农户	生活性支出	民间借贷、政府扶贫资金、小额信贷、地方财政资金	很难获得正规金融机构贷款
中等收入层农户	农业生产需要	自有资金、民间贷款、小额信贷、少量商业贷款、合作金融机构小额信用贷款	很难获得正规金融机构贷款
新型农户	城市化需要	商业贷款、民间借贷、合作金融机构小额信用贷款	少部分可获得正规金融机构贷款
微型企业	占领市场、扩大规模、再生产	自有资金、民家借贷、政府担保的商业性信贷、政策金融	较难获得正规金融机构贷款
中小企业	面向市场的资源利用型生产贷款	自有资金、商业性信贷	少部分可获得正规金融机构贷款
龙头企业	专业化技能型规模扩张、再生产	商业性信贷、政府资金、风险投资、政策金融	较易获得商业性贷款

第三节 村镇银行发展的必要性和可行性

一、设立村镇银行的必要性

村镇银行是普惠金融体系的重要组成部分。普惠金融体系强调金融服务包容性地覆盖到各阶层人群，特别是那些通过传统金融体系难以获得金融支持的弱势群体和贫困阶层[①]。同时它有别于以往扶贫金融的惯性思维，要求兼顾社会福利与商业可持续，从"输血"转变为"造血"，形成金融供给主体与服务对象及相关环境的良性互动，营造一个有内生动力可持续经

[①] 普惠金融体系认为，只有向过去难以到达的贫困和偏远地区客户开放金融市场，每个人才能有机会参与经济的发展，才能实现社会的共同富裕。

营的金融格局（吴少新，2012）。可以看出，村镇银行金融服务的对象正是普惠金融体系特别关注的客户群体，是普惠金融体系微观层面的重要载体。

1. 设立村镇银行有助于满足农村多样化的金融服务需求

农民收入的提高、农业产业结构的优化和农村经济的发展都离不开金融的支持，需要农村金融市场扩大规模、提高效率。王芳（2005）提出现阶段中国需要一个多层次、梯度化的农村金融制度。何广文（2004）、张健（2004）认为，复杂化的农户经济结构和收入结构对金融的需求变得复杂化，必须实现农村金融机构多样化，对于不同层次的农村金融需求主体，应该以不同层次的竞争性金融结构予以满足。Morduch（2001）及杨咸月、何光辉（2007）的研究则表明，商业化的微型金融服务可以摆脱因政府干预而效率低下、补贴贷款也难以惠及贫困家庭的窘态，通过市场化机制的运作，扶贫和可持续的目标是可以兼得的。

当前，农村地区的农户和小微企业金融需求普遍满足率较低。以农户需求满足为例，黄鹂（2008）对河南17个城市农村地区金融服务的问卷调查发现，资金需求满足程度在50%以下的农户占比高达75.9%，满足程度在70%以上的仅占4.2%。李锐、朱喜（2007）估算，中国农户金融抑制程度达70.92%，所有样本农户因金融抑制导致的平均损失占其纯收入、纯经营收入、消费性支出和非土地性资产的比重分别达到9.43%、15.43%、15.57%和14.58%。陈雨露、马勇（2010）的问卷调查显示，53%的农户融资偏好正规金融机构，21%选择"亲戚"，13%选择"好朋友"，剩余的13%选择了熟人或同事。但由于不同县域的农户在农村金融机构的贷款可得性存在差异，实际的融资顺序存在较大差异，很多欠发达地区的农户借贷主要发生在亲戚朋友之间，可见，当前为农户提供服务的金融机构和金融产品十分有限，很多偏好正规金融渠道的农户被迫转向私人借贷。另外，农村中小企业普遍面临较大的融资困难。据统计，我国拥有2300万家农村中小企业，是吸纳农村剩余劳动力的主力军，但由于经营规模小、竞争能力弱、生产集约化程度低等限制，加之该类企业管理普遍不够规范，基础资料缺乏、财务数据不够准确完整、抵押资产较少，难以迎合大、中型银行的信贷准入条件。相比之下，由于是在一定的区域范围内经营，村镇银行目标定位于低端市场的微型客户（农户和农村微型企业），对社区内的客户的信用状况比较了解，便于开发出专门的小额信贷技术和金融服务方式，以其灵活、快捷和针对性强的比较优势提供"零距离"的金融服务。[①]

2. 设立村镇银行有助于填补农村金融空白，缓解农村资金外流

农村地区人口分散、收入水平低，受农作物周期、天气及自然灾害影响大，经营成本和综合风险较城市银行业务更高，因此金融供给稀缺。农村地区村镇机构网点较少，覆盖程度比较低，大部分农村地区只有农村信用社和邮政储蓄网点，一些偏远落后地区还存在金融服务空白的现象。自2004年以来，我国县域金融网点数不仅没有增加，反而大幅减少，从2004年的13.4万个减少到2012年的6.8万个，下降幅度为49.2%[②]（见表2－3），平均每万名农村人口拥有银行业金融机构只有1.02个，每个乡镇平均银行网点数只有1.94个。这种网点的撤并加剧了我国农村地区的金融排斥，除农村信用社外的其他银行业金融机构在农村地区信贷资金投放基本维持原有的存量，新增投放大量向城市地区和非农产业转移。由于村镇银行设立门槛较低，特别是在中部和西部落后地区，能够迅速填补部分农村地区的金融服务空白。加之村镇银行规模较小，一般没有跨区经营业务的能力和资格，其吸收的资金主要投入本地，能够在一定程度上缓解农村资金外流的现象。

表 2－3　县域金融服务网点情况　　　　　　单位：个

指标 年份	县域金融服务网点总数	邮政储蓄银行网点数	农业发展银行网点数	农业银行网点数	农村信用社网点数	村镇银行网点数
2004	134073	23239	1555	16926	63204	0
2005	128728	23468	1533	15511	58619	0
2006	123974	23695	1517	13175	55109	0
2011	65060	17768	1109	8099	37165	919
2012	68048	18294	1116	8116	39089	1433
总下降幅度（%）	49.2	21.3	28.2	52.1	38.2	—

注：此处农村信用社网点数含农村商业银行和农村合作银行网点数。

资料来源：中国人民银行统计司。

[①] 向东明 2008 年对湖北省 8 家村镇银行客户的 120 份问卷调查表明，90% 的客户认为村镇银行服务比其他银行更方便快捷，61% 的客户认为村镇银行的服务效率更高。转引自向东明：《村镇银行：湖北金融业发展的一道亮丽风景》，《银行家》2008 年第 10 期。

[②] 其中，农业银行网点数下降 52.1%，农村信用社网点数下降 38.2%，农业发展银行网点数下降 28.2%，邮政储蓄银行网点数下降 21.3%。

3. 设立村镇银行有助于构建竞争性的农村金融市场

长期以来，农村金融改革的重点始终围绕着农村信用社这一存量机构展开。但从结果看，无论是规范合作制，还是提供多种模式的改革尝试，效果都不甚理想。其中一个重要原因就是农村信用社在农村金融市场上处于事实上的垄断地位，造成农村信用社缺乏改进的动力。农村地区资金的本地化使用也与当地的金融深化水平及市场竞争水平密切相关。① 村镇银行的设立，无疑会与农村信用社形成一定程度的竞争，逐步形成"适度竞争"的市场环境②。黄惠春、褚保金（2012）对苏北地区 23 个县域的实证研究表明，县域金融市场的机构类型数与农户贷款数量、农户贷款覆盖面成正比，村镇银行等新型农村金融机构的设立促进了农村金融市场结构向着不断竞争的方向转变，农村信用社开始了大面积的贷款户普查和重新授信，并且定价行为越来越市场化，主动将贷款利率下调一成左右，其经营绩效和效率也受益于竞争激励而不断提升。

4. 设立村镇银行有利于创新农村金融改革思路

参与组建村镇银行的既有政策性银行，也有商业银行；既有中资银行，也有外资银行；既有一人独资的有限责任公司，也有多元出资的股份有限公司。村镇银行的产权结构能够兼容主发起行、非银行金融机构、非金融企业和自然人，这种股权结构使村镇银行的治理结构和激励约束机制与原有的农村信用社迥然不同（王曙光等，2013），开启了民间资本参与商业银行经营管理的新纪元。引入多种模式有利于扩大开放领域、优化开放结构、提高开放质量，引导民间金融积极介入，创新利用外资方式，以开放的思路将内生金融与外生金融有效结合起来，通过体制外的增量改革倒逼体制内的存量改革，构筑城市资金流向农村的渠道。更为重要的是，作为"边际"增量出现的村镇银行在某种程度上是一种关系型社区银行，其利用农村社区中的人缘、地缘优势和信息获取优势降低交易费用，能够更好地落实小微企业和弱势群体的金融扶助，并成为向市场化程度低的贫困地区灌输市场意识的新兴渠道。因此，村镇银行的发展目标不仅在于简单地增加资金投放，关键是要摆脱原有与农村市场格格不入的体制束缚，创新农村

---

① 沈艳（2011）的研究表明，在金融市场竞争性比较弱的地区，资金被运用在当地的可能性反而比较小，金融"失血"现象愈加突出。

② 由于发起行可以在异地设立村镇银行，从很大程度上促进了区域之间的竞争，使跨区域的资金竞合成为可能。

金融发展模式、品种工具和服务手段，探索出一套契合农村金融市场需求的金融新机制。

5. 与贷款公司、农村资金互助社、小额贷款公司等相比，村镇银行的发展空间更为广阔

自 2006 年银监会调整放宽农村地区银行业准入政策以来，村镇银行、贷款公司和农村资金互助社等新型农村金融机构发展情况各异。2007 年以来，共成立贷款公司 14 家，农村资金互助社 49 家，发展形势不容乐观。贷款公司是由境内商业银行或农村合作银行全额出资的有限责任公司，注册资金普遍偏小，平均为 2225 万元，民间资本不能参股，又不得吸收公众存款，很难取得规模效益。作为发起行，本来就做贷款业务，发起贷款公司难以取得利润增长点，反而增加经营成本，所以发起动力不足。农村资金互助社是由乡（镇）、行政村农民和农村小企业自愿入股组成，为社员提供存款、贷款、结算等业务的社区互助性金融机构。农村资金互助社多数依托于原来的专业合作社，资金也大多来自合作社社员入股，注册资金普遍很小，平均为 342 万元，其发展必须依赖于社员的储蓄及从其他金融机构融资和社会捐助。农村资金互助社在一个村子范围内经营，社员的储蓄能力决定了互助社的资金规模，而实际上，开展资金互助的村庄，农民的储蓄能力普遍有限。后两种融资渠道也并不畅通，因此农民资金互助社很难做大，难以满足对社员资金的供给（任长青，2012）。同时，很多农村资金互助社农户入社动机和行为短期化，自我管理能力较低，其资金实力、管理人员素质和风险控制能力较弱，在外部监管尚不到位的环境下，很容易造成金融秩序的混乱。

近年来，小额贷款公司发展迅猛，在一系列利好政策的支持下，小额贷款公司从 2005 年底的 7 家试点机构增加到 2014 年第一季度末的 8127 家，贷款余额达到 8444 亿元。与此同时，小额贷款公司的发展存在着法律法规不健全、监管责任不明确、资金来源依赖资本金和风险治理混乱的普遍现象，部分小额贷款公司成为专门发放"过桥贷款"的高利贷组织，加剧了民营经济的资金断裂风险，成为地方信贷危机的始作俑者。相比之下，村镇银行的经营更为稳健和规范，在新型金融机构中可持续发展能力相对较强。

二、村镇银行发展的可行性

1. 中国农村金融需求巨大

加入世界贸易组织之后，中国农产品市场逐渐开放，面对国际竞争压力，我国农业进行了战略结构调整，包括农产品品种改良、农业技术革新、商品化和产业化经营策略、农村劳动力转移等内容。"三农"对资金产生了前所未有的需求。随着农村土地的流转、规模化经营和土地的改良，大规模水利设施的建设和改善，农业机械化发展，职业农民的培养，都会产生大量新的农村金融服务需求。同时，由于成本上升，部分加工贸易业向中西部转移已成趋势，农民进城打工的形式也随之而变，从大规模千里迢迢的"候鸟"方式转为更多的就近打工。围绕转移的企业形成离农村更近、离欠发达地区更近的小城镇，或将成为未来城镇化的模式。这些转移的企业以及小城镇的形成，也将催生多元化的金融需求。国家统计局初步测算，到2020年，我国社会主义新农村建设新增资金需求总量为15万亿元左右，2005～2020年，全国平均每位农民需要投资3500～10000元，若按8亿农民计算，全国新农村建设的资金缺口将在3.36万亿～10.92万亿元。

2. 民间资本充足

据统计，我国民间拥有的金融资本已经远远超过10万亿元，但长期以来大量民间资本却并未进入实体经济的投资领域，而是大量集中在股票、大宗商品、房地产投资上。部分民间资本以私人借贷、钱会、钱背等形式迎合农村金融需求，但其游离于常规金融监管之外，管理极不规范、风险控制能力弱，容易滋生高利贷、洗钱犯罪等问题。"禁莫如疏，止莫如导"，村镇银行是民间金融"阳光化"的重要渠道，村镇银行领域的开放，可以吸引大量的民间资本和产业资本，结合当地产业特征，形成产业互动、产业升级的效果。

3. 金融环境不断优化

"十二五"期间，国家将继续加强农村基础金融服务均等化建设，大力推进偏远地区农村金融服务全覆盖工作，支持当地政府实施增强乡镇整体功能的政策措施，加快培育适合银行业金融机构布设网点的基础性条件。2012年政府发文强调要进一步加快农村金融服务发展，实施金融服务进村入社区工程、阳光信贷工程和富民惠农金融创新工程"三大工程"，农村金融产品体系将更加丰富，金融服务"三农"的质量和效率将不断提高。林权、土地承包经营权和宅基地使用权三权抵押融资试点和推广将进一步深化农地金融改革。对于中国农村金融市场的盈利前景，世界上最大的农业合作银行——荷兰合作银行在出资杭州农村合作银行时指出①，其投资初衷是看好中国农村金融市场的巨大潜力；渣打银行中国首席执行总裁也提出②，农村人口占中国人口的2/3，市场空间广阔，投资村镇银行，盈利只是短期评估指标。

4. 扶持逐步到位

近年来，政府为扶持新型农村金融机构发展出台了一系列政策措施。如2009年财政部出台《中央财政新型农村金融机构定向费用补贴资金管理暂行办法》，对上年贷款平均余额同比增长、上年末存贷比高于50%且达到银监会监管指标要求的村镇银行，按照上年贷款平均余额的2%给予补贴。目前已累计向新型金融机构拨付补贴2.61亿元。③《关于农村金融有关税收政策的通知》规定，自2009年1月1日至2013年12月31日，对农村信用社、村镇银行、农村资金互助社、贷款公司、法人机构所在地在县及以下地区的农村合作银行和农村商业银行按3%的税率征收营业税；涉农贷款和中小企业贷款呆账准备金税前扣除。人民银行将村镇银行纳入支农再贷款支持范围。村镇银行的法定存款准备金率比照当地农村信用社执行。银监会2012年公布《关于鼓励和引导民间资本进入银行业的实施意见》，明确民间资本进入银行业与其他资本遵守同等条件，支持民间资本参与村镇银行发起设立或增资扩股。2014年，国务院发布《关于金融服务"三农"发展的若干意见》，在农村普惠金融、涉农资金投放等方面做出相应规定，随后银监会对此进行细化落实，在深化农村金融体制机制改革，发展农村普惠金融；增加农村金融的服务主体，加大涉农资金投放；深入推动进村入社区工程，加快空白乡镇机构网点新设；创新农村金融产品和服务方式，完善农村金融基础设施等多方面出台了一系列措施。

---

① 赫姆斯克：《荷兰合作银行：投资中国农村金融，十年后可盈利》，《中国经济周刊》2006年7月17日。

② 李云静：《渣打中国首席执行总裁：村镇银行盈利只是短期评估指标》，《上海证券报》2009年2月11日。

③ 补贴资金作为村镇银行当年收入核算，很多村镇银行反映，数十万到数百万的补贴对刚刚起步的村镇银行是非常重要的收入。

5. 技术启动创新

技术进步使信息传递不再依赖于地理上的亲近性，为村镇银行的远距离信贷创造了条件（Petersen 和 Rajan，2002）。移动电话、互联网、POS、转账电话等低成本的通信及交易技术弥补了村镇银行网点少的弱势，使建立新的村镇银行渠道模式成为可能，这种模式能够提高村镇银行收益率以及覆盖范围，还可以建立低成本、大范围运营风险监控模式。同时，随着云服务平台的深化运用，针对村镇银行创立发展的多元化需求，可以提供更丰富的业务功能和渠道服务功能。云服务平台建立统一的接口，分别与人民银行及其他第三方平台系统相连，有助于村镇银行以最小的资本投入、最快的速度、最便捷的方式完善业务功能。云服务平台集成银行核心业务系统、银行信贷系统、银行卡业务系统等应用资源，各村镇银行可以根据自身业务的发展情况，灵活地进行选择。云服务平台具备数据中心的功能，能够根据村镇银行的要求，进行业务发展、用户消费习惯等专项分析，为决策提供支撑，满足不同村镇银行的差异化服务需求。

第四节　村镇银行的合理市场定位

从长远看，农村需要金融，金融更需要农村。村镇银行是被赋予特殊市场定位的农村金融机构，应结合农村地区的金融供求结构和自身的优劣势特点，加大对农村中低端市场的金融供给，实现服务"三农"与可持续发展的平衡。

1. 银行的特点适合做散、做小

Berger 和 Udell（1995）以及 Levonian 和 Soller（1995）等通过实证研究发现，银行规模与客户规模及其贷款规模呈显著正相关关系，大银行的服务对象主要是具有较好财务记录的较大企业，而小银行更多贷款给财务记录不完备的小企业及个人，并多采取面对面的人际交互形式，依赖个人品行、信誉、潜力等软信息筛选和甄别客户。从在我国的实际经营看，与传统的农村金融机构相比，村镇银行的机构和人员精练，营运成本低，管理效率较高，扁平化的组织架构有利于获取软信息，提供关系型贷款。村镇银行资金组织能力有限，每笔放款额度小，适合为中低收入者和小额资金需求者提供服务。村镇银行普遍资本规模较小，根据《村镇银行管理暂行规定》，在县（市）设立的村镇银行，不得低于300万元人民币，在乡（镇）设立的村镇银行，不低于100万元人民币。现实中，村镇银行的注册资本多在5000万~2亿元①，按照银监会信贷规定，村镇银行对同一借款人的贷款余额不得超过资本净额的10%，对单一集团企业客户的授信余额不得超过资本净额的15%，客观上决定了村镇银行小额、分散的贷款结构。实际上村镇银行也热衷于向小微客户贷款，调查显示，村镇银行对该类客户的贷款定价较高，贷款利率多上浮50%~80%，平均贷款利率超过10%，息差可达6%以上，远高于商业银行平均净利息收益率。贷款利率的上升并未降低农户和小微企业的融资需求。很多村镇银行因贷款方式灵活、准入门槛低、审批链条短、放款及时，深得小微客户的青睐。

2. 银行的主要市场应是农村而不是县域

村镇银行是承担支持"三农"法定社会责任的农村区域性商业银行，其法定社会责任限定了服务区域和业务范围。因此，执行金融市场"补位"和"激活"职能的村镇银行的主要市场应在被存量正规金融忽视的县域经济中的农村地区，贷款市场以农村市场为主、县城市场为辅，存款市场则可以兼顾县城（乃至地级市）和农村。监管部门应明确村镇银行贷款用于"三农"业务的比例下限，规定只有为"三农"服务的村镇银行才能享受国家的政策优惠。当然，村镇银行不是扶贫机构，其经营行为是商业化的市场行为而非政策性的财政行为，过于狭窄的客户定位和业务限制会扼杀村镇银行的发展，为了保证村镇银行的商业可持续，村镇银行的客户群体定位可以囊括整个农村地区的多类经济主体，以适应农村地区的经济转型和农户转型，迎合农业产业化，农村城镇化以及农户专业化、非农化的趋势。

3. 银行网点选址应在乡镇，而不在县城

村镇银行的定位是农村社区，一定要贴近社区客户，如果远离所服务的农村社区，必然会偏离其服务"三农"的经营宗旨。陈雨露、马勇（2010）的调查问卷显示，在影响农户从哪里借钱的最重要因素中，52%的农户选择"借款是否方便、容易"，27%的农户选择"是否相互信任对方"，11%的农户选择"还款的时间是否可以随时商量和延长"，10%的农户选择"还款时不需要支付利息或者支付利息较少"。上述结果表明，借款的便利

---

① 据2012年公开注册资金信息的721家村镇银行计算，村镇银行的平均注册资金是6774万元。

程度是影响农户融资偏好的主要因素。在《银行家》研究中心课题组（2007）的调研中，对"如果在村里建了一个经过正规注册的金融机构，你不是股东或社员，你是否愿意在该机构存款"问题的统计结果显示，在表示愿意在新机构存款的农户中，出于"方便"考虑的农户占比最高，达到了71.7%（见表2-4），也说明了村镇银行贴近农户的必要性。

表2-4　样本农户对于是否在新成立的农村金融机构存款的态度

是否愿意在新的金融组织存款/占比	原因	户数	占比（%）
是/51.7%	①村里人值得信任	14	6
	②在村里很方便	167	71.7
	③比在其他没有注册的私人借贷机构存款保险一些	9	3.9
	①②	39	16.7
	其他	4	1.7
	合计	233	100.0
否/40.1%	①在此存款，村里人都知道了我有存款	3	1.7
	②这样的机构，风险没有保障	63	35.2
	③在农村信用社或国有银行存款更保险	102	57.0
	④存在私人借贷机构利息收入更高	1	0.6
	其他	10	5.6
	总计	179	100.0
观察一段时间再决定是否在此存款，占比6.9%			
如果能给贷款就存，占比1.3%			

资料来源：《银行家》研究中心课题组：《传统农区金融需求与机构布局调研报告》，《银行家》2007年第7期。

目前，对村镇银行的营业地域范围，监管机构的规定较为模糊。2007年银监会发布的《村镇银行管理暂行规定》提出，村镇银行是在农村地区设立的主要为"三农"提供金融服务的银行业金融机构，但在此后的一些文件中，如2010年印发的《关于加快发展新型农村金融机构有关事宜的通知》中，银监会又提出村镇银行的主要营业范围是县域。县域既包括县级区域内的农村，也包括县城。于是，绝大多数的村镇银行都设在了县城。

实际上，中国大部分县城中正规金融机构并不缺乏，竞争较为充分，市场定位趋同，都着力"掐尖"县域中高端市场，特别是在东部沿海地区出口加工业集聚的城镇甚至村庄，正规金融机构不是在退出，而是在积极进入。部分贫困乡镇却无人问津，2012 年底，全国拥有一个营业网点的乡镇有8901 个，仍存在金融机构空白的乡镇有 1686 个①，绝大部分分布在中西部偏远农村。

何广文（2004）等提出，中国农村金融不缺"大血管"，缺的是"毛细血管"，即能够有效在村镇一级提供金融服务的多元化金融组织，农村金融改革就是要建立和疏通这个"毛细血管系统"。因此，为便于接近客户、收集信息、开展业务，村镇银行机构（特别是网点）应设在所服务的农村社区内，包括县级社区、乡（镇）级社区、村级社区，新设村镇银行法人机构总部应设在农村地区，金融服务能够覆盖机构所在地辖区内的乡（镇）或行政村，其具备贷款服务功能的营业网点应设在县（市）以下的乡（镇）。

4. 银行应满足多元化的金融需求，推动农村经济的转型

在我国以小农经济为主体的农村社会中，农业生产以家庭经营为主，没有形成以分工协作为基础的分工组织，极大地制约了传统农业的改造（郭少新，2006）。分散经营的农户在参与社会分工时面临高昂的交易费用，更倾向于自给自足的生产方式，导致农村社会的分工演进被锁定在抑制状态，"小农经济"作为一种"超稳态"的社会结构制约着农业经济融入社会化大生产，农业经济的低效率自我循环自然成为常态。因此，农村金融改革的重点就是要不断弱化"超稳态"的小农经济结构而不是保留、固化它。2013 年中央一号文件明确提出要发展适度规模经营，加大对联户经营、专业大户、家庭农场、农民合作社、龙头企业等的扶持力度，推进城乡一体化发展。2014 年，银监会发布的《关于做好 2014 年农村服务工作的通知》强调将持续加大对家庭农场、专业大户、新型农民合作组织等新型农业经营主体的支持力度。与商业银行有血缘关系的村镇银行，要创造新的不同于大银行的服务模式，加紧探索与种养大户、家庭农场（牧场）、农业专业合作社、农业产业化龙头企业发展相适应的融资服务模式，有效推进农户的专业化经营、农业产业化发展和农村城镇化建设，促进农村经济的分工

---

① 中国人民银行农村金融服务研究小组：《中国农村金融服务报告》，中国金融出版社 2013 年版。

演进和结构转换。

（1）满足农户专业化金融需求。国务院发展研究中心、清华大学经管学院、银监会、国务院农村综合改革工作小组的研究结果显示，我国农村地区50%以上的农户实际上并没有信贷需求，在40%~50%存在金融需求的农户中，约30%的农户可以得到满足，因此，真正受到信贷排斥的农户占20%左右（银监会的调查显示为28.5%，人民银行的统计结果为11.4%）。从贷款的用途来看，农户将贷款投放在生产领域的比例普遍在50%以下，而日常支出、子女教育、婚丧、建房等消费占据了另外的50%左右。与普通农户贷款需求小、消费需求大相对应的是，农业养殖大户、合作社、家庭农场等组织化的经营单位对信贷的需求普遍达到60%以上，且70%以上的贷款投入生产当中，包括36.8%用于流动资金追加，33.7%用于固定资产投资。[①] 隋艳颖、夏晓平（2013）的实证研究表明，在农村金融资源配置中，低收入层农户并不是受到金融排斥最严重的阶层。由于低收入层农户物质资本和人力资本匮乏、风险承受能力低、维持生活的意愿高于扩大生产的意愿，因此对农村金融市场的参与程度较低。低收入层农户实质上不是受到了金融供给排斥，更多是源于有效需求不足的金融需求抑制，其信贷需求更多以应对突发性的消费波动为主，违约速度最快、违约风险最大，不适宜商业金融模式。相对而言，中收入层农户是农村金融市场上最具潜力的一个阶层，也是受到金融供给排斥最严重的一个阶层，一方面他们信贷需求旺盛、信贷边际效用显著；另一方面他们个人财产不多、抵质押物匮乏，信贷需求难以得到满足，这部分农户应是村镇银行的目标客户。

在我国农村经济转型的趋势下，农户类型的梯次转化及其生产投资行为变化引致了金融需求的转变：从单一的信贷需求向多元化的综合性金融服务转变；主体从小规模农户向组织化的合作社、种养大户、家庭农场等转变；信贷结构从生产领域向产业链各个环节延伸，资金额度从万元内向十万元和百万元上升，经济发展水平不同的地区间差异越发明显。因此，村镇银行满足农村居民信贷需求的关键是解决农村生产大户、家庭农场、

---

① 随着林权、土地承包经营权、水面承包经营权、海域承包经营权流转改革的推进，山林、土地、水面养殖和海水养殖的适度规模经营进一步促进农户借贷发生率的提高并呈现大额化和中长期化的趋势。

个体工商户、私营业主等组织化经营主体以及受到金融排斥严重的中收入层农户的资金约束问题，帮助部分小规模兼业农户发展成为专业大农户，部分的兼业农户由农业兼业为主转为非农兼业为主，乃至成为完全的非农就业者，推动农村经济分工向产前、产中、产后等不同阶段和环节纵深发展。同时，村镇银行在集成农产品市场和金融数据信息的基础上，应提供源于金融、高于金融的"能力支持"[1] 服务。例如，在提供信贷时附加相应的农产品价格和销售信息等，降低农户市场风险和系统性信贷风险；加大对农业科技推广的支持力度，加强对农户的技术辅导和能力培养，提高农业生产能力和农产品商品率，降低农户经营的市场化风险。

（2）满足农业产业化金融需求。目前，农业已经不再仅局限于小规模的传统粮食产业，还包括土地承包经营权流转后出现的越来越多的大规模粮棉油种植业，包括水果、干果、设施蔬菜、花卉、中药材等特色种植业，大规模养殖业和特种高附加值养殖业，以及林业、畜牧业、水面养殖和海面养殖。农业金融需求来自包括农林牧副渔生产、储藏、加工、运输、销售等诸多环节在内的整个产业链。农业产业化经营包含了上、中、下游关联客户群体的金融服务链条化需求，村镇银行应在支持农民发展种植业、养殖业的基础上，加大对从事农产品生产、加工和流通以及农村生活服务的农村小微企业的金融支持力度，促进农业产业化和组织化发展。[2]

需要强调的是，利益机制是农业产业化的核心，参与农业产业化的各个实体必须形成一种利益共享、风险共担的紧密的利益共同体，这是农业产业化经营的内核。村镇银行应发挥中介作用，培育农业产业化的利益联结机制和风险分担机制。一方面，要积极扶持和引导农民建立各种类型的专业合作社、专业协会、股份合作组织及其他形式的农村分工中介组织，

---

[1] 在格莱珉小额信贷模式中，银行的工作人员不仅是放贷者，更是村民的理财师、村务顾问以及冲突调节者。陈雨露、马勇（2010）在西部地区的实地调研显示，对于转型过程中的农户而言，信息、技术咨询等服务的价值并不低于信贷投放，因为其稀缺性在农户身上更为明显。

[2] 以农副产品加工业为例，村镇银行的小额联保贷款使农户有能力参与到农副产品加工企业的生产体系之中，成为农副产品加工业分工网络中的一个"节点"；借助小微企业贷款及对相关合作经济组织的金融支持，农副产品加工企业的专业化程度、迂回生产程度和产品种类数会不断提高，农副产品加工业的分工水平不断提升，乃至发展成为在县乡村等区域专业化、集中生产特色产品并带动周边区域进行配套产品生产的企业集群和产业集群。这些企业、产业多数为劳动密集型或处于资本密集型产业中的劳动密集型区段，能够为农户和农村转移出来的非农户提供大量的就业机会和收入剩余。

为农业产业化经营提供农业生产资料供应、农产品储运、培育优良品种、病虫害防治、信息咨询、技术指导和培训等各类社会化服务。围绕多元化、多层次的市场流通主体，加大对农产品批发、零售市场的支持和培育，畅通城乡商品流通渠道。另一方面，应充分发挥自身的信用中介优势和"利益均沾"特质，在提供融资服务功能的同时，着力建立一种能兼顾各方利益的利益协调机制，合理配置企业、农民专业合作社、行业协会、产品购销方、农户等的风险责任和收益权属，提高产业链内经济主体的组织化程度，完善整个产业链的资金衔接和运转效率。

（3）满足农村城镇化金融需求。随着工业化、信息化、城镇化、农业现代化"四化"同步，各级政府将把城镇化建设作为发展的根本战略，在固定资产投资、投融资体制改革、资金投入、土地利用政策、社会保障等多方面向中小城镇倾斜。城镇各类设施的建设和运营，将涌现出各式各样的信贷、汇兑结算、保险代理、信托投资、理财管理等金融需求。同时，乡村正在逐步集镇化，离农村较近的小城镇的形成和发展，与农林牧渔业就地加工生产的发展是互动的。农产品加工的本地化，为当地农民提供了就近就业的机会，一定会促进围绕农产品加工为中心的小城镇的形成。农产品物流运输、医疗卫生、生活起居、文化教育以及相应的基础设施建设都需要金融支持，城镇化过程中农民工的市民化和城中村居民的市民化也需要配套的金融服务。为此，村镇银行应在提升和完善县城及建制镇的城镇功能，改善生产、生活条件，提高城镇化水平等方面发挥作用。

可以看出，"三农"金融已逐步走出简单的农民金融或乡村金融的概念，而"三农"金融问题的化解是一个艰巨、复杂的社会系统工程，不仅需要相关金融机构的支持，更需要国家一系列的政策扶持。村镇银行的作用只是缓解农村金融问题的一项努力和探索，如果将化解"三农"问题的希望全部寄托在村镇银行身上，无疑是难以承受之重。同样，如果仅因为村镇银行的作用有限，就怀疑其发展的必要性和可行性，也是有失公允的态度。过往农村金融屡次改革而收效甚微的历史，只能使我们更加重视村镇银行在发起模式、治理结构和经营方式上的科学可持续性，使其成为普惠金融体系建设的重要力量。

第三章　村镇银行建设的国际经验

第一节　发展中国家乡村银行的经营管理模式与特征

村镇银行的概念肇始于孟加拉国银行家尤努斯创办的孟加拉格莱珉银行（Grameen Bank，GB）（格莱珉在孟加拉语中是"乡村"的含义）。在世界各国村镇银行的发展实践中，孟加拉格莱珉银行、印度尼西亚人民银行乡村信贷部（BRI – Unit Desa）、玻利维亚阳光银行（BancoSol）等逐渐成为贴近服务农村经济的先驱和典范。

一、福利主义模式的小额贷款——孟加拉乡村银行

孟加拉格莱珉银行模式又称格莱珉银行小组贷款模式。前身是 1976 年，穆罕默德·尤努斯博士在孟加拉国 Jobra 村开创的小额信贷实验项目，1983 年在政府支持下转化为一个独立的正规银行，即格莱珉银行。其经营特征如下：

1. 经营定位

一般银行是以中高端客户为目标群体，而格莱珉银行反其道而行之，他们坚信穷人并不缺乏消除贫困、改变生活的途径和能力，而是缺乏初始资金以及由此可以自救的经营机会，"信用"是最基本的人权。由此，他们确定了穷人为其服务对象，客户群体限于拥有不超过 0.5 英亩中等质量的可耕种土地，或财产价值不超过 1 英亩中等质量土地的家庭。其中大部分是妇

女，占了97%的比例。格莱珉银行的支行就建在田野上，工作人员主动下到田间地头拜访借款农户。

2. 组织结构

格莱珉银行由13个成员组成董事会领导，共包括3名执行董事、1名政府提名主席和9名女性董事（由借款人股东选举产生），负责审议和批准银行的业务政策及项目实施。银行的组织结构分为四级，即"总行—分行—支行—营业所"，实行垂直领导。总行下设36个大区行，每个大区行由10个地区行构成，每个地区行管理着10家分行。分行是银行的基层管理单位，通常包括1名经理、1名高级助理、8～10名工作人员。总行、分行、支行和营业所分工协作。

3. 经营机制

为了更好地服务贫困阶层，格莱珉银行实行无抵押贷款机制，采取小组贷款方案和会员存款方式来规避风险。小组贷款方案为：由来自不同家庭的经济背景相似的五个成员组成一个小组，每个小组选出一位小组长和一位秘书，组成初级小组，要经过严格的培训和口试通过后，小组才能得到正式认可。贷款先发放给小组中需要最迫切的两个人，如果他们表现良好，另外两个也可获得贷款。通常，小组长是最后得到贷款的人。每个成员还要缴纳风险基金，以备风险及开展组内项目。一笔贷款全额偿还后，新的、数量更大的贷款才会获得批准，贷款不能用于消费，一般用于快速见效的生产活动。对于整体表现良好的小组，银行会采取上浮贷款上限的方式对该小组成员进行奖励。在发生违约的情况下，可以在借贷双方协商的基础上将贷款调整为"灵活贷款"。会员存款的主要方式为强制储蓄，即要想获得贷款必须先存款，每个贷款者获得的每笔贷款，都按贷款额的5%扣除并存入其个人账户，其中2.5%的强制扣款存入一个可供支取的个人储蓄账户，另外2.5%存入一个特别储蓄账户，除遇到自然灾害等危机，特别储蓄账户的款项在最初的三年内不能支取。① 格莱珉银行68%的存款来自银行的贷款者，当客户储蓄账户的存款金额达到一定程度时必须购买银行的股份。如今，格莱珉银行的贷款者拥有银行94%的股权②，是真正意义上的"穷人银行"。格莱珉银行创立了每周还款模式，借款人每周只需偿还非常

---

① 强制储蓄账户可以获得8.5%的利息，是孟加拉商业银行利率的2倍多。
② 其余6%由政府拥有。

小额的贷款，保证了高还款率。

格莱珉银行贷款人的组织结构分为3级，即会员中心—会员小组—会员，一般是5个人组成一个小组，6个小组组成一个乡村中心，每一个支行工作人员负责10个左右乡村中心的信贷发放和管理。一切信贷业务和社会活动都由营业所员工和农户在中心会议上进行。该类贷款技术把本该银行承担的坏账风险转移到全体小组成员身上①，利用小组成员间共享社会资本的"同伴压力"和信息传递机制提高了贷款偿还率。这种模式对农户的金融需求具有很强的适应性和包容性，使原本获得贷款能力不足的农户产生了挣钱按期还贷的内在压力和动力，有效地促进了农户的生产经营和收入增长。

4. 经营绩效

截至2009年3月，格莱珉银行的服务网络遍及孟加拉64个地区共计84096个村庄，占全国村庄总数的97%，拥有2548个分行、142103个中心、1224173个小组，累计发放贷款78亿美元，给780多万无抵押担保的穷人提供了贷款，并使其中的400万借款人及其家庭成功脱贫。并且，格莱珉银行保持了持续盈利的纪录，还款率高达98.89%，累计还款率达到97.94%。

二、制度主义模式的小额信贷——印度尼西亚人民银行乡村信贷部

印度尼西亚的乡村银行是正规金融机构从事微型金融的模式。印度尼西亚人民银行（Bank Rakyat Indonesia，BRI）是一家历史超过百年的国有银行。20世纪70年代，该行根据国家要求，对从事稻米等农作物生产的农民发放有政府补贴的小额贷款。到了80年代，3600家农村小额贷款单位年年亏损，陷入经营危机。1983年，印度尼西亚开始进行金融改革，政府放松了金融管制，取消贷款补贴，印度尼西亚人民银行也引进了新的小额贷款管理办法。它在1984年成立乡村信贷部（BRI－UD），成为独立运营中心。乡村信贷部3年即实现收支平衡，5年后开始盈利，并保持了较高的还款率，成为印度尼西亚最大的小额贷款机构，同时也使印度尼西亚人民银行

---

① 2000年前后，格莱珉银行开发了所谓"广义化推广模式"，各小组成员之间不再承担连带担保义务，仅通过道德约束进行相互监督，采用互相监督和激励的措施。

从一个需要大量国家财政补贴、亏损严重的国有银行变为一个成功的商业银行。

乡村信贷部总部对央行和财政部负责，下设地区人民银行、基层银行和村行。大部分村行设立在乡镇。村行是基本经营单位，独立核算，自定贷款规模、期限和抵押，具体执行贷款发放与回收。实行内部激励机制，每年分配经营利润的 10% 给员工。实行商业贷款利率（年利率 32%），如贷款者在 6 个月内都按时还款，银行将每月返回本金的 0.5% 作为奖励；按期还款可以滚动再贷，而且额度更大；村行年利的 1.25% 奖励给农户小组，1% 奖励给农业技术推广人员。储蓄利率根据存款额确定，存款越多，利率越高。乡村信贷部因此吸收了印度尼西亚农村约 3300 万农民手中的小额游资，储蓄成为其主要的贷款本金来源。鼓励储蓄的措施和适当的存贷利差，激发了银行发放和经营贷款的积极性，使其信贷收入完全覆盖其运营成本，并通过所获利润不断拓展业务的深度和广度。通过拥有信息优势的地方代理人（经理和村庄首领）获取借款人的资信情况、监督借款人的行为和执行贷款合同。同时，通过缩短贷款审批时间、流动服务等方式降低了运营成本，通过有效的内部监督和监控系统及每年一次全面的审计机制，实施对村行业务的持续评估与监测，确保了乡村信贷部的可持续发展。1996 ~ 1999 年，印度尼西亚人民银行微型贷款业务创造了 5.25 亿美元的利润，而同期其他部门共亏损 39.01 亿美元。2006 年，印度尼西亚人民银行微型贷款业务占总资产总额的 17.6%，不良贷款率仅为 1.36%，经营微型贷款业务的 96% 村行盈利。2007 ~ 2011 年，村行数量增长到 4849 个，覆盖了印度尼西亚的绝大部分乡镇，小额贷款占比进一步增长为 32.36%。2011 年，印度尼西亚人民银行有 72% 的客户为小微客户（193.2 万个），资产收益率和净资产收益率分别达到了 4.93% 和 42.49%。与以格莱珉银行为代表的贴近"草根"、机制灵活的福利主义小额贷款模式不同，以乡村信贷部为代表的制度主义小额贷款更强调制度的规范性和财务上的可持续性。

三、定位"草尖"的微型金融——玻利维亚阳光银行

在拉丁美洲（以下简称拉美），已经有数十家的商业银行进入小额信贷领域。特别需要关注的是，与针对贫困农户的"草根金融"不同，拉美国家商业银行提供的小额信贷服务更倾向于具有专业化经营倾向的中低收入

者和微型企业，后者可以称为穷人中的富人，或者说是"草尖"，借助传统小额信贷中小组贷款等有效的微观监督和约束机制及商业化的运作手段，该类银行提供的"草尖金融"服务实现了金融支持与财务可持续的双重目标，并有效地吸引了私人资本和商业机构进入微型金融产业，极大地扩展了服务半径。其中，玻利维亚阳光银行（BAN – COSOL）是这些微型金融机构的杰出代表。

1. 经营定位

阳光银行服务对象以微型企业和自我雇佣者等经济主体为主。玻利维亚的微型企业就业人数达 14.2 万，微型企业主占经济自立人口的 37.1%，微型企业工人占经济自立人口的 19%，这部分客户群体对资金需求强烈，同时也愿意支付高利率，因此阳光银行可以根据运营成本、风险溢价和利润目标来确定其合意利率，以有效地覆盖交易成本和交易风险。

2. 经营机制

一是采用小组联保机制，一般由 3～8 人组成小组，小组成员可以同时获得贷款，贷款额度将随着借款人的良好还款记录而不断提高。这种小组联保机制对于违约问题存在一种"风险扩散机制"，即如果一个成员违约，所有成员都会失去借款资格，从而有效缓解了小组成员的逆向选择和道德风险问题。二是采用动态激励机制，在无限期重复博弈的环境下，将借贷双方对未来的预期和对历史记录的考察纳入合约框架，以促进贷款人履约。三是采用灵活的贷款偿还机制。阳光银行根据借款人的信用和现金流量对借款人授信，贷款金额小、利率高、期限短，每周或隔周分期偿还。这种分期还款机制一方面可以降低违约风险并保持健康的财务状况，另一方面还具有风险预警功能，以便提早发现具有较大风险隐患的贷款。

3. 监管环境

20 世纪 90 年代以来，拉美经济特别是金融部门经历了深刻的改革，如取消利率上限，减少或消除指令性贷款，减少进入金融行业的壁垒（包括取消政府所有的银行特权，甚至取消国有银行），以加强对银行业的监督和管理。这些改革举措强化了金融交易规则，营造了较好的市场约束环境。为了使小额信贷机构具有合法地位并进行商业化运作，金融监管部门专门颁布了有关资本约束、风险拨备以及信息披露等方面的专项法规，相对完善的监督管理机制促进了阳光银行等的可持续发展。

4. 经营绩效

截至 2000 年底，玻利维亚阳光银行的净资产收益率达到 23%，资产收益率达 3%，客户数量占到玻利维亚整个银行系统的 40%，在银行监管机构的 CAMEL 评级中，被认定为玻利维亚运营最好的银行，而拉美其他商业化的小额信贷机构也有不俗的表现。

表3-1   阳光银行和拉美其他商业化小额信贷机构的金融业绩比较

银行 指标	玻利维亚 阳光银行	巴拉圭 Vision 金融公司	乌拉圭 Fucac 信贷联盟	哥伦比亚 WWB - Cali 非政府组织
贷款业务总量（百万美元）	64	19	19	6
客户数量（千）	76.2	12.1	10.4	10.9
平均贷款规模（美元）	828	1563	1868	539
分支机构数量	34	14	2	5
资产收益率（%）	3	3	6	6
股本收益率（%）	23	19	52	14
组合收益率（%）	33	43	49	46
操作费用占平均贷款额比重	18	18	10	15
每位信贷员负责的客户数	416	205	2072	407
每位信贷员的业务量（千美元）	349	320	3871	219

资料来源：Marguerite Berger，"Microfinance：An Emerging Market within the Emerging Markets"，*Inter - American Development Bank*，Washington，D. C. 2000.

四、部分乡村银行发展的问题与困境

格莱珉银行的发展模式在 50 多个国家得到了复制，很多项目实施后借款者的生活和收入都得到了明显的改善。其小额信贷模式遍布世界各地，包括发达国家在内（2010 年，格莱珉银行在美国纽约的"心脏地带"曼哈顿开了分行）的上亿人口正从中受益。

但同时，村镇银行所奉行的小额信贷体系在部分国家和地区遭遇了困境，如 2010 年 10 月在印度安德拉邦发生的小额信贷危机。贷款人控诉借贷方收取不合理的 36% 的贷款利率，而且通过高利贷催款员催逼收债，造成大量借款人拒绝还款，并有超过70起的自杀事件。在短短不到一个月的时间里，有将近一半的贷款者不还款，加之政府的不当干预，股东与融资机构信心动摇，市场信贷额度锐减，不良率激增，至今后遗症严重。近年来，相似的小额信贷危机层出不穷，如尼加拉瓜的"不还款"运动、摩洛哥、波黑、巴基斯坦的小额信贷拖欠危机等，引起了各方的高度重视。

印度小额信贷危机源于印度政府强制推进的农村金融分支机构扩张政策，即要求任何银行只有在没有银行的地区开设四家分支机构才能在已有银行的地区开设分支机构，导致1975~1990年，印度80%的新设银行分支机构都设在金融落后的农村地区。这种政策的初衷固然是为了尽快地普及金融服务体系，但不计成本盲目扩张的恶果更为严重，主要表现为以下几方面：一是信贷过度供给，市场出现无序竞争，信贷准则扭曲，诱导穷人重复负债。二是过度商业化抵消社会绩效，客户利率负荷过重，社会责任退化，偏离了原有定位的扶持功能。三是监管和行业制衡缺失，政府政策多变，行政干预过度，无法合理引导公众预期，导致小额信贷的发展环境紊乱，最终形成恶性循环。印度小额信贷危机充分印证了金融发展必须尊重市场化配置资源的基本规律，村镇银行等发展需要的是政府改善制度环境和金融生态，创造盈利和可持续发展的前景，而非越俎代庖、画地为牢地包办一切，最终难免始乱终弃、自吞苦果。

第二节 发达国家社区银行的经营管理模式与特征

社区银行按照国际上通常所定义的概念，是指在一定社区范围内按照市场化原则自主设立、独立按照市场化原则运营、主要服务于中小企业和个人客户的中小银行。社区银行专门为低收入的个人消费者提供小额贷款，服务小型企业以为本地经济发展提供支持，致力于提高个人客户和企业客户的生产生活质量。在经营特色和发展战略上，社区银行强调的是在特定社区范围内提供针对客户的个性化金融服务（Bank on the Personal Touch），与客户保持长期性的业务关系。社区银行与我国的村镇银行有一定的相似之处，例如，规模都比较小；面对的客户都主要是当地的企业和家庭；贷款资金主要来源于当地存款；机构结构比较简单，决策相对灵活等。因此，主要服务于社区内中小企业和个人客户的社区银行的做法值得服务于"三农"的村镇银行借鉴（熊玉军，2008）。

一、美国社区银行

在美国，社区银行的资产规模通常在 1000 万美元和数十亿美元之间，总的资产份额占全部商业银行资产的 22%。作为一种金融中介，社区银行在美国银行体系中发挥着与大银行不同的功能，尤其是在服务中小企业、家庭农场主和中低收入存款人等小型客户上发挥着极为重要的作用。2008 年末，美国社区银行总量为 8324 个，占美国银行总数的 96%，分支机构总数和存款总额在农村地区分别占 58% 和 49%，在少于百万人口的中小城市中分别占 31% 和 23%。社区银行发放的农业固定资产贷款占全国总额的 65%，农业流动资金贷款占 61%，在低于 10 万美元的小额农业贷款总量中，社区银行所占比例超过了 80%。

美国社区银行的特点如下：

1. 经营规模小型化

美国社区银行注重盈利能力而不追求经营规模。根据美国独立银行协会数据，93% 的社区银行资产规模在 10 亿美元以下，其中资产规模低于 1 亿美元的银行占总数的 45%，平均每一银行有雇员 46 人，存款、贷款和资产总额分别只有 1.02 亿美元、0.78 亿美元和 1.25 亿美元，与我国目前农村信用社或城市商业银行下属的一个支行规模大体相当。社区银行将优势资源集中在中小企业和社区居民客户，能够克服自身规模小的缺陷，通过"以专补缺、以小补大、以质取胜"的集中专营方式，深化产品线的宽度和深度，更细致、有针对性地满足目标客户群的各种需要。

2. 组织形式单一化

美国社区银行在社区内单一建制，不向社区外盲目拓展业务和设立分支机构，组织形式非常简单，基本上没有中层管理人员，社区银行的最高管理者直接指挥基层的操作员工进行金融产品的推广和服务，管理人员管营合一，决策时间短、审批效率高，使其小企业和个人贷款具备"短、频、快"的优势。

3. 机构设置边缘化

社区银行的机构设置、网点布局更加注意拾遗补阙，多在大银行无意设立网点或已退出的农村和城乡结合部发展。据统计，社区银行在全美有超过43000个营业网点，其中乡村和郊区的分布率高达83%。

4. 资金组织和投放本地化

社区银行的存款客户主要是社区内的企业和居民，他们的存款利率敏感性低，短期内存款余额可能有所波动，长期看相对稳定。这部分活期存款为社区银行提供了廉价且稳定的资金来源，是社区银行保持流动性的"核心"。由于社区银行所吸收的资金主要用于当地，因而可以解决资金运行中的"虹吸"现象，使资金继续留在本社区。在有既定的核心存款来源的情况下，社区银行对存款服务收取的手续费通常会低于大银行。此外，由于社区银行多是向难以从大银行获得信贷的当地小客户提供资金支持，因而会收取比较高的贷款利率。这样社区银行获得的净利差就高于大银行，从而能向存款支付更高的利率。

5. 信息互动对称化

社区银行在特定区域经营，容易获得人缘、地缘优势，可以在很大程度上解决大银行解决不了的信息不对称问题。社区银行股东是本社区内的居民和企业，基层员工也来自社区内部，因而与客户信息沟通对称化，更重视客户人品、性格、家庭及其历史、消费特征、敬业状况等软信息，便于与客户开展密切和持久的关系型贷款。由于社区银行能够随时与客户进行面对面的信息沟通，信贷决定相当迅速，交易成本低，从而有助于改善银行的经营效率。

实践证明，美国社区银行与大银行机构相比更具有成本、信息、流程和体制上的优势，同样是一种盈利性很高且具有长期稳定性的商业模式。

二、澳大利亚社区银行

20世纪80年代，银行合并浪潮开始席卷澳大利亚，银行规模不断扩大，为了降低经营成本、提高盈利水平，各银行纷纷关闭农村和郊区的分支机构，部分城镇出现无金融机构状态。澳大利亚社区银行是本迪戈（Bendigo）银行等在社区金融供给需求不均衡状态下进行金融创新的产物。本迪戈银行将特许经营引入银行业。具体地讲，就是由一个代表社区的当地实体（通常是信托机构）在社区范围内集资，以此集资款向银行购买分支行。社区拥有经营该分支行的权利，并被允许经营母行所拥有的一切业务，履行母行的一切职能，银行分支机构雇员的招募及薪酬的支付则由社区负担。分支行赚取的存贷利差归社区银行所有并支配。这种模式的社区银行在澳大利亚西部最为流行，如库林、古马灵和图吉等地。其中，本迪戈银行模式最具代表性：社区银行只提供本迪戈银行的产品、服务，一次性缴纳特许费作为回报。本迪戈银行向社区银行提供银行营业执照、商标和商号的使用权，对社区银行员工进行培训和技术指导，负责品牌营销、广告宣传等。社区银行的业务都要遵循本迪戈银行的经营模式，本迪戈银行制定存款利率、贷款利率和其他服务费率，每一笔贷款都反映到本迪戈银行的资产负债表中。

澳大利亚社区银行是100%由当地居民和企业拥有的金融机构，其股东均为当地的居民和中小企业。通过特许经营的方式，本迪戈银行将管理权限下放给社区银行，社区银行的管理者就是所有者，他们所有的人力资本和非人力资本都和他们所经营的企业密切相关，有充分的激励做好当地企业和社区客户的金融服务，有效解决了其加盟的本迪戈银行等的监督成本问题。创立社区银行模式以来，本迪戈银行经营状况良好，税后利润达4880万澳元，同比增长了47%，每股收益也增长了31%，目前已经有230多家社区银行，形成了庞大的经营网络。现在澳大利亚越来越多的社区复制了本迪戈银行的经营模式，促进了社区金融基础设施的改善和地方经济的发展[①]。

澳大利亚社区银行的特许经营模式将社区与大银行的优势结合起来，为村镇银行发展模式的创新提供了参考。首先，社区银行由当地社区发起，在与发起行达成协议并缴纳特许使用费用后，发起行将银行的制度架构、商标专利、员工培训、技术手段等一并提供给社区银行，使社区银行以较低的交易成本获取了发起行经年累月建立起的良好公众形象和高品质的产品服务，并在后续过程中接受持续的业务指导和培训，使其品牌美誉度和公信力得到充分的保障。其次，对发起行而言，通过这种方式可以在不占用资金投入和资本输出的条件下实现较快的规模扩张，增加社会影响，并在风险可控的基础上获得特许使用费等稳定收益。最后，农村社区通过这种模式吸引了当地中小企业和居民的股份投资，有效地解决了民间资本投资和运作商业银行的技术困难和风险问题，更好地聚集使用了当地的民间

---

① http：//www.bendigobank.com.au/public/community_bank/our_community_banks.asp.

资金，更好地服务了当地的居民和中小企业，有效地填补了其他银行撤离而导致的金融服务空白。

第三节 日本、韩国农协系统促进农村金融发展的经验

日本、韩国具有小农经营的历史传统，农村自然禀赋与中国有许多相似之处，但又都是农村较为富裕、农民收入较高、社会安全系数最高的国家之一。这与日本、韩国农协体系对农村金融的支持是密不可分的，日本、韩国农协的运营方式和经营机制对我国村镇银行的组织发展具有借鉴意义。

一、日本农协系统

日本支持农业经济发展的金融体系主要是农协系统。农协系统按照日本"市町村（即市镇）—县（即省）—中央"三级组成的"金字塔型"庞大综合组织体系，服务范围几乎覆盖了日本的所有农户。农协系统主要由三级组成：最基层的是农业协同组合（后增加了森林组合、渔业协同组合等），简称"农协"，为市町村一级，直接与农户发生信贷关系，为农户办理存款、贷款和结算性贷款，除此之外，农协还兼营保险、供销等其他业务。中间层是信用农业协同组合联合会（后增加了森联、信渔联等），简称信联，为都道府县一级，帮助基层农协进行资金管理，并在全县范围内组织农业资金的结算、调剂和运用。信联作为农协系统的中层机构，在基层农协和农林中央金库之间起桥梁和纽带作用，以它的会员即基层农协为服务对象，吸收基层农协的剩余资金，并在基层农协需要时提供融资服务。农协系统的最高层机构是农林中央金库，为中央一级，是各级农协内部以及农协组织与其他金融机构融通资金的渠道，它在全国范围内对系统内资金进行融通、调剂、清算，按国家法令运营资金。同时，它还指导信联的工作，并为信联提供咨询。农林中央金库可对会员办理存款、放款、汇兑业务，并且可代理农、林、渔业金库的委托放款和粮食收购款。农协体系经营金融、共济（保险）、购买、销售、指导等事业，对促进农村经济发展

起到了特别重要的作用。首先，农协系统不论是在日本资金的紧缺时期，还是在高速发展时期，都在保障农产品的供给、满足农户贷款需求、降低农户交易风险方面贡献突出。其次，农协在提供金融支持的同时为农户提供了技术指导、经营指导、生活指导、负债指导等"能力支持"。最后，农林中央金库、信联通过对农协的协助和指导间接支持农户经营。例如，在农协资金不足时，对资金的季节性变动调整以及地区之间的调整；加强对农协剩余资金的调剂和运用；制定全国或县范围内的经营战略和事业方针；提供集体教育研修和日常的经济、金融信息；对农协事业的综合风险管理等。

为配合农协系统农户金融服务功能的正常运转，日本政府还创设了农业信用保证保险制度。由农户、农协、市町村政府、省政府共同出资组成农、林、渔业信用基金协会，中央政府给予出资补助。基金协会接受借款者的债务保证申请，对融资机构出具债务担保，融资机构据此对农户（一般为农协正式成员）等发放贷款。实践证明，这一信用保险体系的运行进一步加快了日本农村金融体系的商业化运作，在推进农村信贷保障制度由"损失补偿向债务保证转变"的同时，实现了日本农村金融制度"从信贷补贴向市场融资转变"的体制转型。

二、韩国农协联盟

韩国农业协会联盟（NACF，以下简称农协联盟）在提供金融支持、促进农业及农村发展中发挥了重要作用。农协联盟的业务范围十分广泛，主要包括农产品销售、农业生产资料供应、畜牧产品销售和供应、综合金融服务等。其中，金融业务是规模最大及盈利能力最强的业务领域。农协联盟包括中央农协和基层农协两级体系，基层农协实行入会自愿、退会自由，建立了良好的外部约束机制，而中央农协则由基层农协代表选举产生，对基层农协负责。农协联盟及其成员合作社构成了农业政策性贷款的主渠道，并重点支持农业综合企业竞争力培育。农协联盟推出了共同信贷业务，由其1187家成员合作社的4234个分支机构执行，而农协联盟扮演了类似于中央银行的角色，中央农协负有监管共同信贷和运用共同信贷特别账户资金的职能。特别账户通常被用来向基层合作社提供贷款，其盈余用来投资信息科技、公共关系等，以及用来支援财政困难的基层农协。此外，农协联盟通过其分支机构和基层农协向农民社员及一般消费者提供保险服务，防止农民的意外损失。农协联盟的快速发展得到了中央和地方各级政府的大力支持，包括税收减免优惠、信贷政策、资金担保和风险管理等方面；所有地方政府的公共账户均设立在农协联盟。经过不断的创新经营模式，农协联盟已经发展成为一个综合化的经济组织，能够满足不同层次客户的多元化需求，并通过"以商养农"的战略，使其农业部门基本保持了收支平的状态。

第四节　国外经验的总结和启示

各国乡村和社区银行依托商业化的经营定位、合理的运作机制和强效的监管环境，实现了可持续发展与较高覆盖率的双重目标。根据世界银行的研究，世界上投资回报最高的 10 个微型金融银行资本收益率远高于最好的商业银行（汤敏，2006）。这些银行运行实践有很多共同特点，具体包括以下几个方面：主要服务中低端市场，或以改善民生为宗旨、或以低收入群体和小微企业为服务对象；组织架构包括管理层级和经营层级，由最基层的组织承办具体业务；采用灵活而多样化的贷款模式，如小组联保、风险基金担保、贷款条件灵活、向有良好偿还记录者提供连续贷款、坚持商业收费原则等。各国成熟经验对我国的启示有以下几个方面。

一、村镇银行需要政府支持和引导

政府支持是村镇银行取得成功的前提。前述发展中国家在普遍存在金融抑制的情况下，对村镇银行的发展大多采取了鼓励发展的政策，实施了相关支持手段。如格莱珉银行一直得到政府利息 4% ~ 5% 的大量贷款。孟加拉政府建立了小额信贷批发基金（PALLIKARMA – SAHAYAK 基金），将资金以贷款形式发放给小额信贷机构，再由小额信贷机构放贷给目标人群，既解决了融资问题又避免了非法集资。玻利维亚阳光银行、印度尼西亚人民银行乡村信贷部等也得到了当地政府的大力扶持，如相对宽松的市场准入和财税补贴、批准小额信贷机构自主制定利率策略等。此外，泰国、印度等国政府也先后出台法律要求银行业把存贷款的一定比例用于农村和农业，如果条件不具备，可以通过向农村的中小银行和社区银行批发资金间接支持农村经济发展，客观上也丰富了支农金融机构的资金来源。同时，印度安德拉邦小额信贷危机也提示我们，政府在加大政策支持力度的同时，必须引导村镇银行按照市场经济规则运行，鼓励规模经营而非盲目的数量扩张，避免各级政府的不当干预，防止局部市场的过度饱和与恶性竞争，重点提高对金融覆盖率低区域和客户的资源配置，稳健地壮大这一行业。

二、村镇银行必须有明确、合理的市场定位

结合自身特点合理定位目标客户和市场对银行的发展至关重要。特别是对于规模小的村镇银行而言，必须科学细分市场，结合内部条件确定符合自身优势特征的目标客户群，制定针对性的经营策略。如格莱珉银行等虽然将贷款对象锁定在无担保、无抵押的贫困农户，但要求员工挨家挨户上门服务，从客户家庭经济实力和品德两个方面综合来考察，确定放贷目标，在充分考察客户固有条件的基础上，利用"软信息"来选择金融需求强烈和还款信赖度高的贷款者，从而在帮助客户实现价值的过程中获得了自身的财务可持续。美国社区银行将客户定位于当地社区内的初创和成长时期中低端企业和个人，以社区成员个性化金融需求为导向，通过相对简单、集中的组织机构，人缘、地缘优势，灵活快速的经营团队提供更为差异化、便利化的"面对面"式金融服务。

三、村镇银行应建立市场化的经营机制

市场化是村镇银行发展的必要途径，市场化的过程中重复博弈产生的信息基础，并由此依次衍生出的信任、信用和信誉基础，形成村镇银行可持续发展的良性机制。首先，要实行经营行为的市场化。村镇银行必须以客户为中心，提供以需求为导向的产品和服务，设立灵活的信贷授权，实行在贷款期限、担保形式、还款方式等方面的差别化服务。其次，要实行产品定价的市场化，规避补贴性质的信贷配给被作为公共产品过度使用和低效使用。允许金融机构根据成本和客户情况等因素制定合理的利率水平，

使其利息收入能够覆盖其运营成本和呆账损失。无论是以低利率①为导向的格莱珉银行模式，还是以高利率为导向的玻利维亚阳光银行模式和印度尼西亚人民银行模式都取得了成功，证明了与信贷的可得性相比，贷款利率的高低并不是问题的关键。采取商业化利率原则是农村金融机构实现财务持续性的基本条件，同时也避免了较富裕的非目标客户群体排挤目标客户群体（许桂红，2012）。最后，要实现资金来源的市场化。印度尼西亚人民银行根据客户储蓄额和流动性需求设计不同利率和期限的储蓄产品，从大约 1000 万个贫困家庭动员了 20 亿美元的储蓄，从而保证了其贷款资金来源；格莱珉银行不但接受公众存款还允许贷款人参股，借款人持有 94% 的股权，在扩大资金来源的同时也形成了良好的公司治理结构。

四、村镇银行应推行有效的风险管理模式

风险管理是银行可持续发展的基石。美国社区银行利用有利的人缘、地缘优势，着重考察中小企业和社区居民的信用和诚信意识，考察产品的市场前景和第一还款来源，将资金大胆贷给信用良好而无担保的客户，不良资产率比大银行机构要低得多。格莱珉银行利用"小组 + 中心 + 银行工作人员"的贷款程序构建自我监督和激励机制，将借款者组织起来，帮助借款者选择项目，将社区信用纳入信用体系，舒缓了单个成员不稳定的行为方式。由借款小组组成的乡村中心定期召开会议，进行集中放款和还贷的集体培训，安排成员交流各自的还款计划和进程，使借款小组成员之间相互监督和激励，营造出团队精神，也保持了业务过程的透明度。玻利维亚阳光银行通过动态激励的偿还机制来鼓励还款，以此来提高还款率、降低违约风险；通过双人经办、严控贷款流程来加强内部控制，降低操作风险；通过设置岗位权限，建立以业绩考核为中心的激励约束机制来减少道德风险。

需要指出的是，村镇银行风险管理模式的选择与特定的政治、经济和社会环境密切相关。不同的环境禀赋，客户的价值观和行为习惯不同，群际、人际关系不同，村镇银行的信贷风险管理模式也应因地制宜。

---

① 即使是低利率导向，其利率水平是根据市场情况自行决定的，定价都比商业银行要高。

五、村镇银行应建立差别化的监管体系

村镇银行具有不同于城市金融、大型金融的特点，金融监管自然需要不同于一般商业银行的理念和方法，如美国建立银行业"双轨"制度，通过《社区再投资法》等对社区银行的发展进行了规范和约束。美国政府严格限制各家社区银行跨州经营，不仅使其在组织形式上长期实行单一制度，能够更多地为社区提供全面的金融服务，而且从制度上防止了各银行在业务经营上的趋同化；为扶持社区银行的发展，还依据地区差异和银行规模的大小制定了有所差别的金融政策，如对社区银行在资本金、法定准备率、库存现金与存款比率等方面要求较大银行低等；为了保证金融机构服务好社区，定期考核银行对社区的贷款、投资和服务水平，将考核结果与银行能否建立新的分支、购并和业务创新准入等挂钩。印度尼西亚监管部门规定：小额贷款机构无担保贷款不必纳入高风险资产的管理；农业贷款按生产周期考量，一般短期农业贷款逾期超过两个生产周期以上才视为不良等。这些都为村镇银行的高效运作创造了较好的监管环境。

同时，印度安德拉邦的小额信贷危机提醒我们，政府的监管应是保持距离型的。监管者真正的任务是审慎地制定规则以及配套的细则，然后通过现场、非现场的手段来落实这些规则，在规则没有执行的情况下，强化管控和市场退出，并对规则实时进行优化，使这个银行体系始终保持稳定和健康。此外，村镇银行的自律监管建设同样重要，如美国已经形成了多个社区银行自律协会，在全美范围内成立了独立社区银行协会（ICBA），拥有5500多家社区银行会员；美国银行家协会专门设立了社区银行分会等，这些行业组织在组织统一的社区金融培训、促进社区银行产品创新、加强银行与政府、监管部门之间的交流中发挥了积极作用。日本、韩国农协体系也为我国村镇银行的整体组织管理和自律监管提供了借鉴，事实上，我国一直缺乏农村金融的行业组织，如何建立系统化的行业联动机制和自律体系，促进村镇银行行业的整体可持续发展，值得政策制定者深入研究。

第四章 我国村镇银行发展的现状与问题

第一节 我国村镇银行的发展历程

2006 年 12 月，银监会发布《关于调整放宽农村地区银行业金融机构准入政策，更好支持社会主义新农村的若干建议》（银监发〔2006〕90 号），首批选择在四川等六省（区）试点，期间共成立 12 家村镇银行。2007 年 10 月，试点范围扩大到全国。2008 年，人民银行会同银监会先后下发《关于村镇银行、贷款公司、农村资金互助社、小额贷款公司有关政策的通知》（银发〔2008〕137 号）文件，明确了村镇银行、贷款公司、农村资金互助社、小额贷款公司四类机构的设立、监管、存款保证金管理、存贷款利率管理、支付清算管理、会计管理、金融统计和监管报表、征信管理、现金管理、风险管理等方面的政策。2010 年，人民银行、银监会出台《关于鼓励县域金融机构将新增存款一定比例用于当地贷款的考核办法》（银发〔2010〕262 号），明确把村镇银行纳入考核对象，对达标机构执行比同类机构正常标准低 1 个百分点的存款准备金率，可按新增贷款一定比例申请再贷款并享受优惠利率。2011 年，银监会根据风险防范需要，印发《关于调整村镇银行组建核准有关事项的通知》，对村镇银行的有关政策做了进一步规范：第一，不断细化和完善准入和持续监管政策，扩展了主发起人范围，确立集约化培育、专业化管理的工作思路。第二，鼓励按照区域挂钩的原则集约化组建村镇银行，重点布局西部地区和中部欠发达县域，并按照先西部地区后东部地区、先欠发达县域后发达县域的次序组建；同时要求村镇银行坚持面向"三农"的建设方向和"做散、做小"的经营原则。2014

年中央 1 号文件提出了加快村镇银行发展、逐步实现县市全覆盖的要求，银监会根据中央 1 号文件精神，进一步明确了村镇银行发展方向：探索建立村镇银行有限牌照制度，走特色化、差异化的发展道路；支持"规模化、集约化"开发，重点布局中西部及老少边穷地区、农业主产区和小微企业聚集地区；鼓励股权"多元化"，稳步提升民间资本占比，引导实施"本土化"发展战略，探索"专业化"支农支小商业模式；强化审慎监管，守住风险底线，不断提高农村金融服务水平和可持续发展能力。

经过七年多的发展，以村镇银行为首的新型农村金融机构培育建设已取得了初步成效，为建设新型农村金融体系、整体提升农村金融服务水平积累了有益经验。截至 2013 年末，全国共组建村镇银行 1071 家，其中开业 987 家，筹建 84 家。村镇银行覆盖 31 个省份、1083 个县（市），占县（市）总数的 57.6%；覆盖国定贫困县 182 个，占国定贫困县总数的 31%。已开业的村镇银行共下设分支机构 1180 家，较 2012 年末新增 554 家，网点延伸步伐加快。村镇银行各项业务高速增长，规模扩张较快。一是资产负债迅速扩大。村镇银行资产余额 6289 亿元，较年初增长 44.6%，负债余额 5413 亿元，较年初增长 46.4%，分别比银行业金融机构高 31.8 个和 33.9 个百分点。二是存贷款迅速增长。村镇银行存款余额 4631 亿元，较年初增长 51.5%，贷款余额 3632 亿元，较年初增长 55.8%，分别比银行业金融机构高 37.6 个和 43.2 个百分点。在贷款结构中，支农支小贷款占据主导。2013 年末，农户贷款 1455 亿元，小企业贷款 1825 亿元，两者占比达 90%。三是所有者权益迅速增加。所有者权益余额 876 亿元，较年初增长 34.8%，比银行业金融机构高 17.6 个百分点。四是存贷比整体较高，平均达 78.6%，超过 75% 的监管标准 3.6 个百分点，吸收存款主要用于县域信贷投放，反哺了当地经济发展。

第二节　我国村镇银行的运行特征

一、规模增长较快，经营状况平稳

自 2010 年起，村镇银行开始快速发展，在 2007～2009 年仅实现两位数增长后，2010 年新设数量达到 203 家，2011 年的增量规模更是达到了 288 家，2012 年新增 167 家（见表 4－1）。由于支行设立的条件相对宽松，在已经成立的村镇银行的基础上，很多分支机构快速成立，截至 2012 年底，银监会共批准成立村镇银行机构 1426 家，其中总行 800 家，分支行 626 家，分支行占总数量的 44%，且呈现占比逐年提升的态势。2014 年 3 月，银监会发布《农村中小金融机构行政许可事项实施办法》，进一步放宽了村镇银行在乡镇设立支行的条件，将设立支行的年限要求从开业后两年调整为半年，村镇银行呈现批量化、网络化发展的态势。

表 4－1　分年度发起的村镇银行总行与支行数量

年份	数量（家）	总行（家）	支行（家）	比例（%）
2007	18	18	—	0
2008	78	70	8	10
2009	91	54	37	41
2010	277	203	74	24
2011	454	288	166	37
2012	508	167	341	67
合计	1426	800	626	44

村镇银行贷款增速较快，2012 年村镇银行涉农贷款达 1797 亿元，其中农、林、牧、渔业贷款同比增长 104.6%，农户贷款同比增长 99.3%，农村（县及县以下）贷款同比增长 80.5%，呈现高于全部金融机构各项涉农贷款增速的势头（见表 4－2）。

表 4－2　金融机构本外币涉农贷款分机构月报表（2012－12－31）

机构	农、林、牧、渔业贷款 余额（亿元）	同比增长（%）	农村（县及县以下）贷款 余额（亿元）	同比增长（%）	农户贷款 余额（亿元）	同比增长（%）	涉农贷款 余额（亿元）	同比增长（%）
全部金融机构	27261	11.6	145385	19.7	36193	15.9	176227	20.7
中资全国性大型银行	4348	24.6	60967	18.7	7439	19.9	71347	18.6

项目 机构	农、林、牧、渔业贷款		农村（县及县以下）贷款		农户贷款		涉农贷款	
	余额（亿元）	同比增长（%）	余额（亿元）	同比增长（%）	余额（亿元）	同比增长（%）	余额（亿元）	同比增长（%）
中资中型银行	2145	-2.8	27075	25.1	623	24.4	40229	27.3
中资小型银行	5980	41.7	27946	35.1	10112	35.8	32964	35.0
其中：								
农村商业银行	3306	83.0	13235	70.9	5507	83.6	16767	62.7
农村合作银行	1370	-15.9	5023	-13.9	2930	-13.0	5404	-12.9
村镇银行	556	104.6	1602	80.5	799	99.3	1797	86.6
城市信用合作社	0	-100.0	0	-100.0	0	-100.0	0	-100.0
农村信用合作社	14760	1.9	29063	5.3	17970	5.2	31265	5.7
中资财务公司	28	13.6	333	83.2	48	0.0	423	78.4

资料来源：中国人民银行农村金融服务研究小组：《中国农村金融服务报告》，中国金融出版社 2013 年版。

　　早期设立的村镇银行注册资本比较少，2007 年开业的 23 家村镇银行平均注册资本只有 1393.7 万元，注册资本最少的为 200 万元，最多的为 5000 万元；2008 年新开业村镇银行注册资本少于 1000 万元的仅有 3 家，注册资本在 5000 万元以下的已经不多了，平均注册资本规模达到 4813 万元；2009 年设立的村镇银行的平均注册资本规模达到 7529 万元，注册资本在 1 亿元以上的村镇银行多数开业于 2009 年及以后。相对于西部地区开设的村镇银行，在东部地区开设的村镇银行注册资本规模都比较大。目前注册资本在 1000 万元以下的村镇银行有 9 家，全部位于西部地区；注册资本 1 亿元以上的村镇银行大多位于东部地区[①]。在贫困县设立的村镇银行的注册资金规模远小于在非贫困县设立的村镇银行的注册资金规模。非贫困县村镇银行的平均注册资金为 7544 万元，省定贫困县村镇银行的平均注册资金规模为 5835 万元，而国家扶贫重点县村镇银行的平均注册资金只有 3695 万元。

　　不同发起行设立村镇银行的注册资本规模有别。国家开发银行发起成立的村镇银行平均注册资金规模最大，为 9260 万元；外资银行发起成立的

---

① 注册资本最大的达 5 亿元。

村镇银行的平均注册资金规模最小，为3539万元（见图4-1）。

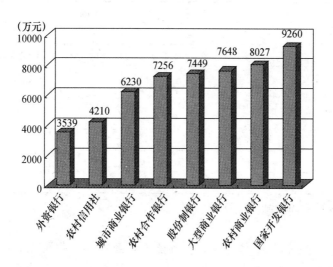

图4-1 不同类型发起行村镇银行平均注册资金规模

从业务发展情况来看，村镇银行活期存款占存款总量的比重在不断下降，储蓄存款占比在不断上升。储蓄存款占存款总额的比例由2011年的33.73%上升到2013年6月末的41.7%，存款结构趋于稳定。从贷款结构看，贷款余额快速增长，存贷比呈现上升趋势，短期贷款占比达到85.9%。村镇银行各项监管指标总体较好，截至2013年9月末，村镇银行资本充足率为23.6%，高于审慎监管标准13.1个百分点；拨备覆盖率为475%，高于审慎监管标准325个百分点。截至2012年末，村镇银行不良贷款余额为6亿元，不良贷款率为0.3%，均低于同业金融机构涉农贷款水平。

表4-3 2012年金融机构涉农不良贷款余额及不良贷款率

项目 机构	涉农不良贷款			
	余额		比率	
	本期（亿元）	同比增长（%）	本期（%）	同比增减百分点（%）
全部金融机构	4274	0.4	2.4	-0.5
中资全国性大型银行	916	5.9	1.3	-0.2
中资中型银行	371	3.3	0.9	-0.2
中资小型银行	553	45.1	1.7	0.1

项目　　　机构	涉农不良贷款			
	余额		比率	
	本期（亿元）	同比增长（%）	本期（%）	同比增减百分点（%）
其中：				
农村商业银行	339	79.6	2.0	0.2
农村合作银行	129	−5.9	2.4	0.2
村镇银行	6	279.6	0.3	0.2
城市信用合作社	0	−100.0		−9.6
农村信用合作社	2433	−8.2	7.8	−1.2

资料来源：中国人民银行调查统计司。

从全国村镇银行整体来看，盈利能力持续改善。截至 2013 年 9 月末，有 739 家实现盈利，盈利面为 88%，较 2012 年末提高了 12 个百分点。村镇银行资产利润率为 1.71%，较年初提高 0.05 个百分点；资本利润率为 11.5%，较年初提高 0.74 个百分点。从银监会抽样调查的 278 家村镇银行看，截至 2013 年 6 月末，累计实现利润 16.9 亿元，平均单家机构利润 608 万元，资本利润率为 9.9%、资产利润率为 1.4%①。村镇银行盈利能力一般与开业时长成正比，国开行、民生银行、浦发银行和鄞州农合行、内蒙古银行 5 家银行发起设立机构平均盈利达到 1000 万元以上。

二、中小银行占据发起主体，各类发起行目标各异

村镇银行由 5 家国有商业银行和国家开发银行、6 家股份制银行、6 家外资银行、104 家城市商业银行和 120 家农村合作金融机构参与发起设立。其中，中小银行筹建村镇银行的热情明显较大，城市商业银行和农村合作金融机构发起的机构总数，就将近有 600 家。有 13 家银行分别集约发起 20 家及以上村镇银行，共设立 379 家村镇银行，占总数的 35.4%。其中，发起组建数量居前列的银行如下：上海农商行 35 家、内蒙古银行 31 家、中国银行与民生银行各 28 家。主发起行的持股比例从 20% 到 100% 不等，都处

---

① 统计结果摘自中投咨询专题报告《中国村镇银行发展前景分析报告》。

于控股地位，各类主发起行发起设立村镇银行的定位和策略不同，形成了差异化的梯队格局（见表4-4）。

表4-4 我国村镇银行发展格局

主发起行性质	发展村镇银行的动因	第一梯队	第二梯队	第三梯队
大型国有商业银行、政策性银行	支持国家农村金融政策	中国银行、建设银行、国家开发银行	农业银行、交通银行	工商银行
全国性股份制商业银行	探索新业务、新模式	民生银行、浦发银行	华夏银行、恒丰银行	光大银行
城商行、农村金融机构	争夺牌照资源，扩大经营地域	包商银行、哈尔滨银行、内蒙古银行、广州农商行、吉林九台农商银行	宁波鄞州农村合作银行、桂林银行、乌海银行、马鞍山农商行、宁夏石嘴山银行、台州银行、晋城市商业银行、东莞银行、九江银行、浙江稠州商业银行、邢台市商业银行	杭州联合银行、晋中市商业银行、龙江银行、鄞州银行、鞍山银行、鄂尔多斯银行、富滇银行、抚顺市商业银行、大连银行、呼和浩特金谷农村合作银行、湖州银行等
外资银行	开拓内地市场，通过产品创新和引进国外领先微贷技术实现竞争优势	汇丰银行	澳大利亚联邦银行	渣打银行、东亚银行、澳新银行

资料来源：中投顾问产业研究中心。

从整体上看，全国性银行发起的村镇银行注册资本较高，股权较为集中，管理能力较强，本土化推进缓慢。区域性银行发起设立的村镇银行多实行股权多元化，本土化进程较快，支农服务相对较好。在全国性银行发起的村镇银行中，主发起行董事会席位占比普遍在50%以上，如国家开发银行、中国银行、建设银行、民生银行、浦发银行分别占比56%、65%、

59%、57%、57%。区域性银行发起的村镇银行其在董事会席位占比一般低于 50%，如内蒙古银行占 39%、鄞州农村合作银行占 32%。区域性银行发起的村镇银行普遍重视"本土化"战略，积极引进当地管理人员，本地化高管占比为 73%，高于全国性银行平均水平 23 个百分点。鄞州农村合作银行、上海农村商业银行、汇丰银行和内蒙古银行发起的村镇银行高管人员本土化占比分别为 99%、95%、91% 和 80%。从市场定位上看，经济欠发达地区的村镇银行服务对象主要是当地的农户和涉农小微企业，经济发达地区的村镇银行倾向于服务中小企业（李木祥，2013）。

部分村镇银行由多家金融机构发起成立，如中银富登村镇银行由中国银行和新加坡淡马锡旗下的富登金融控股公司共同发起成立①；仁寿民富村镇银行由乐山市商业银行、IFC 和 KFW 发起设立；南阳村镇银行由天津市农村商业银行联合渤海银行、天津银行和天津滨海农村商业银行共同发起设立；杭州银行参股了澳大利亚联邦银行在河南伊川县、登封市、济源市、兰考县和渑池县成立的五家村镇银行。村镇银行已成为民间资本进入银行业的重要通道。很多民间资本参股了村镇银行，投资热情较大的民间资本主要有投资公司、担保公司和当地的农业产业化龙头企业三类企业。截至2013 年 9 月末，全国村镇银行共吸纳 4000 余家企业股东和 8000 余名自然人股东，吸纳民间资本达到 472 亿元，民间资本占村镇银行总股本的 71%。不同发起行类型发起的村镇银行数量及比例如图 4 - 2 所示。

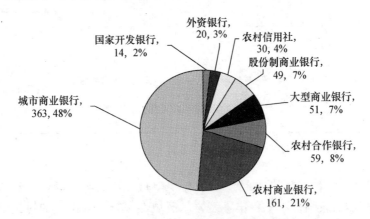

图 4 - 2　不同发起行类型发起的村镇银行数量及比例

---

① 其中中国银行占股 90%，富登金融控股公司占股 10%。

从各类机构发起设立的村镇银行的运营特点来看。国有商业银行可以利用其在县域、农村的传统优势和资源，在品牌、技术、产品、培训等方面，给予村镇银行大力支持；"国"字招牌有利于村镇银行资金组织，解决流动性问题。但由于国有商业银行与村镇银行在经营理念与管理方式上完全不同，容易将旧体制引导到新的运营架构中。实际上，对于这些年净利润超过千亿元的大型国有银行而言，村镇银行（即便是集团化发展）所能带来的经济收益相当有限，与其现有的分支机构容易出现业务重叠，而其一旦发生风险，其成本（特别是声誉风险）则难以估量，该类银行在资本刚性约束的市场环境下更倾向于发展低资本消耗的业务。因此，国有商业银行发起设立村镇银行更多是出于对政策的回应和社会责任的履行，对村镇银行的盈利能力往往并不在意，只是在现有管理文化的基础上，针对农村市场做小范围的尝试，其整体管理链条冗长，风险管理水平较高，市场灵活性较差。当然，不同国有银行的发展策略存在差异，如中银富登村镇银行借助新加坡淡马锡旗下的富登金融控股公司在小微信贷方面的成熟经验，重点拓展自身竞争力一直偏弱的县域市场，截至 2013 年 10 月，中银富登村镇银行已经在全国 10 个省份设立 41 家村镇银行。与传统银行管理模式不同，其经营推行条线纵向调配资源的标准化管理模式，由管理总部对人、财、物的配置及信贷审核等重大事项实施垂直管理，取得了较好的经营成效。

政策性银行（主要是国家开发银行）具有准主权级信用，政府组织优势突出，但由于人员和网点较少，设立村镇银行的出发点多是为了扩展渠道与营业范围，而其政策性经营模式与农村金融的适应度有待检验。

股份制商业银行大多以大本营为中心，向周边省市扩散设立村镇银行，主发起行一般具有绝对控股地位，合作对象多是企业法人。股份制商业银行一般将经济发达区域和中高端客户群体作为营销主战场，利用村镇银行政策优惠、灵活性强的特点下沉目标客户群，拓展县域利润增长点。

在跨区开设分支机构审批被冻结之后，城市商业银行发起设立村镇银行的热情就空前高涨，2010 年以前，全国 80% 的村镇银行发起行是城市商业银行。城市商业银行经营机制较为灵活，但很多城市商业银行存在法人治理结构缺陷，经营规模小、业务品种单一、关联交易频繁、稽核职能弱化等问题，在很大程度上会影响其发起的村镇银行发展。很多城市商业银行热衷于发起村镇银行意图获取跨区经营许可，曲线异地扩张，既获得监管当局的政策支持，也能避开舆论压力。2011 年，银监会暂缓了城市商业银行发起设立村镇银行的审批工作。在银监会发布的《关于做好 2013 年农村金融服务工作的通知》中，银监会再次强调了不允许城市商业银行跨省区扩张。

农村合作制金融机构在农村金融市场中占据准垄断地位，有丰富的农村经营经验，凭人情积累也可以起到维系客户和关系营销的作用。其经营理念、业务定位与村镇银行较为契合，主发起行的相关制度、规章、办法、市场营销策略等可以在村镇银行复制使用，可使村镇银行在短期内融入当地市场。但其自身经营管理体制中存在许多问题和困难，如产权不清、法人治理结构不完善、资本充足率低、内部人控制、产品研发能力弱、人员素质差、经营行为不规范等。这些体制与管理弊端可能被同步复制到其发起的村镇银行中。

外资银行将村镇银行看作进军我国金融市场的跳板，意在长期的战略布局，并不在乎短期的亏损。其中，汇丰银行表现最为突出，共成立了 12 家村镇银行，18 个网点。外资银行往往采取独资形式发起村镇银行，在技术及产品创新、经营管理及品牌、风险控制等方面具有国内银行无法比拟的优势，但也更容易"水土不服"，其参与是基于布局中国金融市场的考虑，寄希望于通过响应政府号召获得业务发展的额外收益。

作为村镇银行的控股股东，各类银行很容易把自己的业务模式照搬过来，初期可能会减少成本费用，但农村金融的历史实践表明，农村市场具有自身的特点，照搬城市和发达地区的客户准入程序、信贷决策流程、履约偿还方式等在农村市场是没有生存空间的，必须创新风险管理手段和制度、创新贷款评审流程和产品，才能适应农村市场规律，实现可持续发展。

三、区域分布不平衡，部分地市相对集中

在村镇银行的区域分布中，东部地区占 41%，中部地区占 30%，西部地区占 29%，呈现东部机构较多、部分区域相对集中的态势。村镇银行数量最多的省份是辽宁省和浙江省，均为 89 家。其次为四川和河南，数量分别为 86 家和 83 家。处于次级梯队的是内蒙古 71 家、江苏 69 家、山东 59 家、安徽 49 家、广西 47 家、广东 44 家。上述 10 个省（区）的村镇银行数

量占全国数量的 62.31%。村镇银行分布较少的省（市、区）主要为部分东部地区省份和部分西部地区省份，其中，上海 13 家、福建 12 家、天津 10 家、北京 9 家、海南 9 家、贵州 18 家、新疆 14 家、宁夏 12 家、陕西 11 家、青海 1 家、西藏尚无（见图 4-3）。

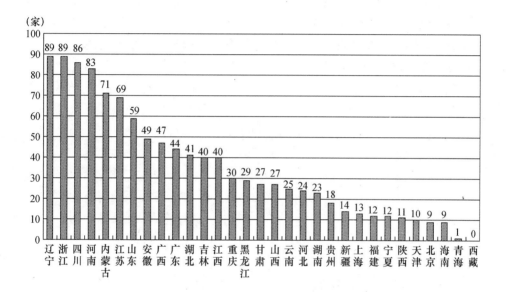

图 4-3 不同省（市、区）发起设立村镇银行数量（含分支机构）

根据对全国村镇银行二级行政区划统计情况，到 2012 年 6 月底，村镇银行分布在 265 个地级行政区中，其中，66 个（地级）市辖内仅有 1 家村镇银行网点、43 个（地级）市辖内有 2 家村镇银行网点、43 个（地级）市辖内有 3 家村镇银行网点，综合来看，209 个（地级）市内村镇银行的网点数量均为 5 家及以下。大部分的村镇银行还是集中在特定的一些区域。其中，村镇银行机构数量最多的前 10 个（地级）市为：成都市、大连市均为 20 家；桂林市、南阳市、宁波市均为 18 家；鄂尔多斯市、赣州市均为 15 家；松原市 14 家，哈尔滨市、信阳市均为 13 家。此 10 个城市的村镇银行数量占全国的 14.9%。村镇银行的布局存在"啄序效应"，偏好向经济相对发达的区域集中，在贫困县较多的中西部省市，如云南、陕西和贵州等省份的贫困县域内机构分布较少。

四、经营结构体现了"草根性"和"散小性"

村镇银行机构规模小，管理层级少，信贷审批管理链条短，贷款审批程序便捷，利率定价机制灵活。从实际经营情况看，大多数村镇银行的贷款主体以"三农"与小微企业为主，其农户贷款等弱势群体信贷占比要高于农村信用社、农村商业银行等原有的农村金融机构。特别是随着业务发展和分支机构的布设，很多村镇银行明确了"做散、做小"是其构建差异化竞争优势的源泉，贷款规模逐年减小。例如，浙江省银监局辖内，到2011年10月末止，共开业村镇银行32家，2011年末，户均贷款小于100万元的有18家，占总数的56.3%，并且，随着开业时间的延长，户均贷款额明显趋向下降。其中，2008年至2009年开业的8家村镇银行有7家的户均贷款少于100万元，占比为87.5%；2010年开业的9家村镇银行有5家少于100万元，占比55.6%；2011年开业的15家村镇银行只有6家少于100万元，占比仅40%。从单个村镇银行看，这种趋势就更清楚。例如，浙江省开业最早（2008年5月20日开业）的长兴联合村镇银行，2008年至2011年末的户均贷款分别为128万元、64万元、47万元和46万元。又如，2010年10月17日开业的临海湖星村镇银行，2010年末的户均贷款为457万元，2011年末已降为109万元。陈玟羽（2012）[①] 基于浙江省数据统计的研究结果表明，村镇银行的盈利性与户均贷款呈明显的负相关关系，一般情况下户均贷款越小，盈利性越强，主要是因为贷款额度越小，客户的利率弹性越低，因而银行的贷款定价越高，收益可以覆盖分散贷款形成的人力和操作成本。

五、业务品种单一，优势领域主要在乡镇

大部分村镇银行开办的业务品种仍局限于传统的存贷款业务，产品和服务功能较为单一，同质化现象明显。无论是贷款品种（如农户小额贷款、专业农户贷款、小微企业贷款），还是其贷款管理和风险分担方式（如联

[①] 陈玟羽：《村镇银行市场定位及其影响因素研究——基于浙江省数据》，浙江工商大学硕士学位论文，2012年。

保、抵押等），均在很大程度上沿袭了股东银行或农村信用社的基本做法。在县城与农业银行、农村信用社直接竞争的目标客户群体中，村镇银行获得的贷款客户基本都是被上述机构筛选过的，有的是因为贷款需求超过农业银行和农村信用社等的额度，有的是因为前期有不良信用记录。这种"拣剩"的市场处境，在很大程度上凸显了村镇银行在县城比较优势的匮乏。实践证明，村镇银行的优势区位主要在乡镇，其在乡镇的分支机构人员一般在 12 人以上，高于同区域的农信社分支和农业银行网点，而农业银行等在多数乡镇未设网点①，且设立的网点只能经办储蓄等非资产类业务，村镇银行在乡镇的业务授权和人员优势使其具备了错位竞争力。

第三节　村镇银行的各类管理模式

受各发起行性质、规模、管理体制及发起设立村镇银行的初衷等差异性影响，村镇银行管理模式和治理结构存在多元化的特征，目前推行的村镇管理模式归纳起来主要有以下几种。

一、村镇银行（农村金融）管理部式

银监会在 2010 年 4 月 20 日发出的《关于加快发展新型农村金融机构有关事宜的通知》中提出，对设立 10 家（含 10 家）以上新型农村金融机构的主发起人，允许其设立新型农村金融机构管理总部。管理总部不受地域限制，履行管理和后台服务职能。村镇银行管理部式实际上类似于事业部制或准事业部制，实行连锁式经营。目前包商银行、汇丰银行（中国）有限公司分别成立了农村金融部、村镇银行业务部，中国银行与新加坡淡马锡旗下的富登金融控股公司携手打造的中银富登村镇银行也采取了管理部式。汇丰银行（中国）有限公司的村镇银行业务部，对其所有的村镇银行负有管理职能，包括业务指导、产品开发、风险控制、资源调配等，并在村镇银行业务部内设相应管理部门。中银富登的所有村镇银行也受管理总

① 农业银行网点的建制乡镇覆盖率为 20%。

部的事业制管理，其人事和财务权利均实行垂直的条线调配。

二、总分行制管理式

银监会允许西部除省会城市外的其他地区和中部老、少、边、穷等经济欠发达地区以地（市）为单位组建总分行制的村镇银行，总行设在地（市），办理除贷款以外的经银行业监管部门批准的其他业务，支行设在地（市）辖内所有县（市）。这一政策得到了发起行和地方政府的积极响应。银监会首批批准了湖南湘西自治州等10个地区（市）先行开展总分行制村镇银行试点。截至2010年底，10家地市级村镇银行全部成立并开业。10家地市级村镇银行共获得批准69家分支机构，覆盖了69个县（市、区）。地市级村镇银行一般先选择在经济发展水平好和客户比较充足的地区设立支行，再向其他地区发展，在一定程度上容易扎根城区、脱离农村①。

三、分支机构管理式

很多大中型银行因承担社会责任、跨区域发展等需要，以独资或绝对控股方式发起设立村镇银行，将其作为分支机构管理。一般而言，该类管理模式强调发起行的绝对控制，倾向于将发起行的信贷、运营、财会和营销流程、制度等全盘移植到设立的村镇银行。

四、股东共同管理式

部分村镇银行采用股东共同管理式对业务经营进行多方位管理。采用此类管理模式的村镇银行股权较为分散，发起行占股30%～40%，民营企业总体占股达30%以上，管理上有的由发起行起主导作用，有的由本土化的高管层发挥主要决策和管理职能，也有民营股东抵制发起行影响实现内部人控制的案例。

各种模式的优点和局限如表4-5所示。

---

① 很多专家认为地市级村镇银行的设立容易引发资金回流城市，与发起的初衷相悖。

可以看出，各种发起模式伴随着不同的股权结构、治理模式和管理架构，也伴随着各自的制度优势与缺陷，其中分支式管理模式的问题较为突出，很容易造成发起行一股独大，公司治理机制和制衡体系不健全，民营资本参与度低，也不利于发挥村镇银行作为一级法人经营管理灵活、支农支小便捷的优势。很多学者的研究显示，相对于银行的规模，授权的层级、激励的传导和贷款审批权限的放活更有益于支持小微客户（沈艳，2011）。为此，必须趋利避害、因地制宜，选择适合村镇银行自身经营和所在区域实际的科学发起模式，通过激励有效的治理结构盘活农村金融市场。

表 4 – 5　村镇银行各类管理模式比较分析

	优点	不足或条件限制
村镇银行（农村金融）管理部式	（1）便于发起行区域性、规模化推进村镇银行机构筹建 （2）有利于减少管理成本，提高管理效率，不受地域限制 （3）有利于发起行最大限度地支持村镇银行，便于发起对其发起设立的村镇银行在产品开发、风险控制、形象规划等方面进行统一运作 （4）落实独立核算，责任性更明确，管理更有针对性，避免了无人管理或多头管理，便于政策的统一性 （5）便于发起行有针对性、专业性寻找发起地，避免盲目发起设立村镇银行	（1）要求主发起人设立或计划设立 10 家以上新型农村金融机构 （2）如主发起人（发起行）过于主导村镇银行的经营、管理，会导致其他发起人或股东参与管理的积极性减弱 （3）由于管理部的工作具有相对独立性，容易滋长本位主义 （4）对管理部的要求较高，否则容易发生失控，或者发生管理、政策的统一性与各地实际情况的复杂性之间的矛盾
总分行制管理式	（1）便于批量发起，服务整个片区 （2）便于规模化经营，在吸收存款、提供金融服务等方面优势明显，提高整体抗风险能力和服务水平 （3）适宜资金实力、管理半径受限的中小银行拓展特定区域业务 （4）有利于实现在特定区域内的通存通兑，统一调配资金，打破单个村镇银行的"孤岛"	（1）总部多设在城市，不利于村镇银行集中资源服务乡镇 （2）延长了管理链条，不利于业务经营的灵活性和草根化 （3）在扩大覆盖面的同时，不利于落实信贷投放的小额、分散原则 （4）城市商业银行等借机高度扩张，与其资本结构和风险管控能力不相适宜，容易引发风险 （5）地市级村镇银行容易将贷款投向产业基础好、客户多的城区，为脱离农村提供了更多的可能

	优点	不足或条件限制
分支机构管理式	(1) 便于发起行在村镇银行推行其相对成熟的企业文化 (2) 不会出现发起行与其他股东之间的内耗和冲突	(1) 由于无专门的管理机构，如发起行管理不到位可能导致对村镇银行的管理出现空白 (2) 发起行过于强势，加上规划、设计等的统一性，其设立的村镇银行有可能难以形成自身的管理体系（村镇银行如完全照搬发起行的文化、产品、服务、风险偏好等就有可能难以适应千变万化的市场和地区差异），束缚了村镇银行的经营活力 (3) 发起行一股独大垄断经营管理权，容易屏蔽其他股东的合理参与，限制了民间资本的投入和融合 (4) 更加强调管理的整体性、政策的统一性，有可能制约村镇银行的灵活性，特别是服务"三农"的针对性和专业性
股东共同管理式	(1) 有利于产生权力制衡，有利于民主决策，最大限度调动股东积极性 (2) 在一定程度上体现现代公司治理结构的优越性，做到监督、管理的多层次、全方位 (3) 可以利用其他民营股东带来的当地资源，扩充营销机会	(1) 容易降低银行的反应速度，可能导致各股东将精力放在董事会、股东大会等的协调上，难以在决策上提高效率 (2) 由于股权分散，可能导致难以在村镇银行最大限度推行发起行的良好经营、管理、风控理念 (3) 容易出现董事会和管理层的利益冲突、内部人控制和关联交易

第四节 我国村镇银行存在的问题

客观地讲，村镇银行尚未在全国范围内形成服务"三农"的规模化和集团化效应（曹凤岐、夏斌，2012），份额贡献很小，支农绩效有限，村镇银行涉农贷款余额仅占全部金融机构涉农贷款的 1.02%，占全部金融机构各项贷款余额的 0.27%。村镇银行的"汤水效应"、"鲶鱼效应"的充分发挥还有待时日，其自身发展也面临着以下一系列问题。

一、部分主发起行一股独大，民间资本难以融入

主发起行制度有利于村镇银行快速起步、促进村镇银行专业化运作，为村镇银行的品牌建设和业务发展提供重要支撑。更重要的是，主发起行制度有利于利用自身的风险内控机制和管理技术，在内控管理、风险控制、队伍培训等方面，给予村镇银行必要的管束，保障其稳健运行。但是，由于控股权由主发起行掌握，部分村镇银行主发起行一股独大，实施完全的管制，村镇银行沦为主发起行的分支机构，在很大程度上抑制了民间资本的进入。村镇银行法人治理向主发起行倾斜，忽略了其他股东的合法权益，使很多民间资本无法发挥主要作用，民间资本话语权缺失，[①] 甚至放弃了参与决策的权利。2012 年以来，浙江、广东、四川等地频繁出现民资抛售村镇银行股份现象。2012 年 11 月 19 日，邦信资产管理有限公司在上海联合产权交易所公告，拟转让其持有的全部四川彭州民生村镇银行股权。而此前，包括亿晶光电、银达担保等在内的民营企业都已经纷纷退出了村镇银行的经营。主发起行分支式的管理模式不仅限制了民营资本融合的积极性，也束缚了村镇银行自身作为贴近社区一级法人经营的优势和活力。

值得关注的是，银监会在《关于鼓励和引导民间资本进入银行业的实施意见》中，已将村镇银行主发起行的最低持股比例由 20% 降低到 15%，并提出村镇银行进入可持续发展阶段后，主发起行可以与其他股东按照有利于拓展特色金融服务、有利于防范金融风险、有利于完善公司治理的原则调整各自的持股比例，也就是说，银行控制的 15% 与其他资本，其比例是可以调整的。根据运营和管理情况，银行所持有的股份可以减持甚至全部退出。但目前这一政策尚未付诸实施，发起行如何合理退出、民营资本如何通过股权调整取得控股权利、监管部门如何审核管理等尚缺乏实际操作程序。

二、发展目标定位不清，普惠金融覆盖面有限

由于村镇银行目标的多元性、股份构成以及竞争压力的现实，村镇银

---

① 很多企业认为自身是主发起行设立村镇银行的"抬轿人"，只能"带着镣铐"充当配角，投资的意愿受到很大束缚。

行容易偏离其成立的初衷。主发起行设立村镇银行大多出于实现"跨区经营、占据市场、享受优惠、提高形象"等目的。从已经成立的村镇银行来看，大多将其总部设在各试点地区的行政中心所在地，并未完全符合在金融服务空白地区布局的经营思路，村镇银行最终呈现"冠名村镇，身处县城"的格局。以2011年7月银监会批准开业的23家村镇银行为例，仅有4家村镇银行落户乡镇，另外19家均在县及县以上的行政区设立。部分村镇银行成立之初总部设在乡镇，但随着业务的发展，通过开设分行和搬迁总部的方式"回县城"，其业务重心也开始向县城和市区倾斜。据银监会相关数据显示，2012年全国70多家村镇银行涉农贷款和小微企业贷款占全部贷款比重不足50%，60多家村镇银行违规办理票据业务。值得关注的是，银监会的统计方法将凡是在县域的个人和企业贷款都定位为"三农"贷款[①]，很多村镇银行的贷款实际流向了县级市的居民购房和非农项目，也有将企业信贷"分拆"成散户贷款以迎合农户贷款比例要求的现象。

村镇银行经营绩效受当地经济发展状况影响明显，而监管部门规定一个县原则上只能设立一家村镇银行，村镇银行在区域选择上呈现明显的"啄序效应"。村镇银行已覆盖全国东部地区62.3%和中、西部地区55.8%的县域，剩下的县域主要分布在经济欠发达或不发达地区。特别是西部地区部分县域金融容量有限，村镇银行设立后可能难以实现可持续发展，村镇银行实现县域全覆盖的普惠金融体系建设目标难度较大。

三、社会认同度低，资金组织形势严峻

村镇银行设立的时间较短，受软环境和硬环境的约束，农民对村镇银行的认知度比较低，甚至认为村镇银行是私营老板个人的银行或合作基金会，对该类新型金融机构持怀疑和观望态度，不敢把钱存到村镇银行。据浙江龙湾农业合作银行对100户居民的调查，82%的居民认为村镇银行是"杂牌军"，钱存进去会打水漂儿；45%希望将钱存入实力较强的信用社；37%希望将钱存入国有银行；仅10%愿意将钱存入村镇银行，目的是支持其发展；另有10%将钱存入村镇银行，目的是希望得到优惠贷款（许桂红，2012）。《银行家》研究中心课题组的调研则显示，有40%以上的样本农户

---

① 相比之下，人民银行对"三农"和农户贷款的统计口径要严格得多。

不愿意在新设立的新型农村金融机构存款（见表4－6）。在村镇银行的存款总额中，储蓄存款尤其是定期储蓄占比较低，资金稳定性较差。此外，由于网点数量较少、区域分布不均①，业务简单并且不能异地存取款，尤其给外地务工人员带来不便，容易丢失此类人群的存款业务。②

　　值得关注的是，针对村镇银行的资金组织问题，中国银监会在2009年发布的《中国银监会关于当前调整部分信贷监管政策促进经济稳健发展的通知》中提出"允许村镇银行在成立五年以内逐步达到存贷比考核要求"，即对村镇银行开业5年内存贷比不进行考核，目前很多村镇银行5年缓冲期已过，存贷比考核压力正式落地。③一些村镇银行的存贷比已经超过了监管红线75%，个别银行甚至超过了100%，有的甚至动用资本金发放贷款。2014年第一季度全国村镇银行存款余额总计4536.1亿元，贷款余额总计3959.3亿元，存贷比为87.3%，超过了75%的红线，如果不进一步放宽政策，很多村镇银行都难以达标。为此，很多地方银监局采取了较为弹性的政策，如对开业5年、上年末农户和小微企业贷款占比在90%以上、监管评级较高的村镇银行下一年度进一步放宽存贷比限制；使用支农再贷款、同业存放资金发放的农户和小微企业贷款可以不计入贷款余额等。从全国来看，村镇银行的存贷比考核政策一直悬而未决，不利于各家村镇银行形成稳定的预期，科学规划自身的业务发展，特别是接近时点的村镇银行面临如何摆布资金的问题，容易引起资金运营的不正常起落。

表4－6　样本农户对于是否在新成立的农村金融机构存款的态度

是否愿意在新的合作金融组织存款/占比	原因	户数	占比（%）
是/51.7%	①村里人值得信任	14	6.0
	②在村里很方便	167	71.7
	③比在其他没有注册的私人借贷机构存款保险一些	9	3.9

① 村镇银行开设网点成本费用较高，导致资金来源不足，而存款少导致贷款少、效益少，使开设新网点的能力不足，形成恶性循环。
② 很多农村地区是典型的"打工经济"，村镇银行在汇兑和结算业务上的先天劣势极大地束缚了其业务发展。
③ 当前，各地方对村镇银行存贷比放宽的政策解读有所差异，部分地区认为5年后才开始规范存贷比，部分地区认为5年后要回到75%的存贷比考核要求。

续表

是否愿意在新的合作金融组织存款/占比	原因	户数	占比（%）
	①②	39	16.7
	其他	4	1.7
	合计	233	100.0
否/40.1%	①在此存款，村里人都知道了我有存款	3	1.7
	②这样的机构，风险没有保障	63	35.2
	③在农村信用社或国有银行存款更保险	102	57.0
	④存在私人借贷机构利息收入更高	1	0.6
	其他	10	5.6
	总计	179	100.0
观察一段时间再决定是否在此存款，占比6.9%			
如果能给贷款就存，占比1.3%			

资料来源：《银行家》研究中心课题组：《传统农区金融需求与机构布局调研报告》，2007 年第 2 期。

利率市场化将进一步加剧村镇银行的资金组织压力，大量国外经验显示，利率市场化后，存贷款利率会同步上升，部分中小金融机构可能会不得不以高于平均存款利率和低于平均贷款利率来吸引客户，从而导致成本升高、收益减少，出现经营困难。以美国为例，伴随着利率市场化改革的全面展开，美国国内每年倒闭和接受美国存款保险公司救援的银行数量较以前显著增多，并呈现逐年上升的态势。从 1980 年开始，众多小银行开始倒闭，1987～1991 年平均每年有 200 家小银行倒闭。土耳其在 1980 年迅速放开利率，银行和经纪公司开始通过提高存款利率争夺存款，却不考虑如何使用这些存款，由此导致了长达两年的金融危机，部分小银行和经纪公司破产。中国台湾地区推行的利率市场化使银行业存贷款利差由 2.93% 降至 1.23%，导致中小银行从 1995 年的 8 家缩减至 2010 年的 1 家，信用合作社从 73 家缩减到 26 家（马永波，2013）。

近期，一些互联网平台上的理财产品利率高达 7% 以上，存款正在蚂蚁搬家式地从银行脱媒，倒逼银行理财产品收益从原来的 4% 左右站上了 5%、6% 甚至 8% 左右的高位，利率市场化后金融市场的波动将加剧，理财产品的收益期限结构趋于复杂化，为了避险和获得更高投资收益，各类金融衍生产品也将孕育产生。村镇银行没有理财产品发行资格，产品结构受限，本已紧张的资金形势无疑是雪上加霜。为了弥补利差收入，村镇银行会加大高风险资产业务比例，一些经营不善的银行将面临破产危机。

四、面临风险复杂，容易引发系统性危机

农村金融市场的弱质性使村镇银行的信贷资金面临较大风险，小农经济对自然条件的依赖性很强，比较收益低、布局分散、市场波动大、抵御风险能力弱；小微企业很多属于产能过剩和结构转型行业，经营实力较弱，关联担保现象突出，风险抵补能力很差，在当前经济结构调整和增速放缓时期极易受到市场变化的冲击；农村信用制度缺失，长期信用记录和有效信用测评方式不足，农民还款意识弱，一些借款人逃债、赖债之风盛行；农村担保体系建设落后，村镇银行发放的贷款多以信用贷款为主，贷款审批决策简化，容易形成道德风险。此外，银监会政策规定村镇银行不能面对区域外的客户，只能贷款给本县或本乡的农户，就某一特定地区来说，由于产业结构比较单一，若某一产业的发展环境恶化，或遭遇一定范围的自然灾害，村镇银行缺乏有效的风险对冲与规避能力，会造成其整体的巨大损失。

由于资金组织能力较弱，很多村镇银行主要依靠发起行的资金支持和输出，一些村镇银行远离发起行[1]，且无法进入拆借市场获取资金头寸，而人民银行在很多县域没有分支机构和金库，紧急情况下外部支援能力有限，容易导致流动性危机及连锁的挤兑风险。

村镇银行各类人才总量不足，整体素质偏低，结构性矛盾突出，机构内部人员常身兼数职，合规意识差，操作风险管理压力较大，各种违规行为时有发生。[2] 前段时间福建漳州漳浦民生村镇银行违规办理巨额票据贴现的案件和中银富登村镇银行湖北谷城行长的诈骗潜逃大案等已暴露了村镇银行的内控风险隐患。

20 世纪 90 年代，农村基金会曾因为产权问题及内部管理方面的漏洞，加之内部人控制等因素，一度使农村金融秩序陷入混乱，最终被取缔关停，

---

① 特别是城市商业银行发起设立的村镇银行。

② 在业务范围较窄的情况下，少数村镇银行为实现尽快盈利，违反审慎监管要求，违规开展票据转贴现和购买理财产品；也有少数发起行将村镇银行作为规避规模管理、实施监管套利的平台，违规开展业务合作，导致村镇银行被动违规。

造成了不良的社会影响。如今，村镇银行执行低准入门槛策略，很多发起行如农村商业银行、城市商业银行等自身的风险管理就很脆弱，对村镇银行的风险管理更缺乏有效的手段，各家村镇银行经营管理水平参差不齐，很容易成为金融风险的导火索，而且一旦发生个别支付或倒闭危机，将对村镇银行整体的声誉带来毁灭性影响，导致危机传染蔓延到其他村镇银行，形成系统性风险。为避免重蹈农村合作基金会的覆辙，一方面，村镇银行必须加强风险规避，强化监督管理，屏蔽政府直接干预和内部关联交易，确保财务可持续发展；另一方面，村镇银行出现支付或破产危机时，主发起行应发挥什么职能，存款人的利益如何保障等都有待在政策上尽快明确，以避免系统性风险的扩散。① 我国现行的商业银行退出机制和存款人利益保护机制一向具有强烈的政府干预和担保色彩，村镇银行门槛低、规模小，抗风险能力相对较差，而其清退机制如何实施、存款人利益如何保护等，在现行法律法规体系中缺乏保障。《村镇银行管理暂行规定》并未因村镇银行的特殊性，有着相应的特殊规定和制度安排，而《中华人民共和国商业银行法》和《金融机构撤销条例》对存款人保护也只是象征性地做了规定，要求被撤销的金融机构清算财产，在支付清算费用、所欠职工工资和劳动保险费用后，先支付个人储蓄存款的本金和合法利息。除此以外，没有更为详细、操作性强的规定，这种制度缺失使存款人的保护陷入了极大的不确定性中。随着全国各地分散发起数以千计的"袖珍型"村镇银行，为了保障存款人和社会经济不受村镇银行倒闭和支付危机的负面影响，完善的商业银行市场退出机制和存款人利益保护制度建设迫在眉睫。

五、基础设施落后，形成"金融孤岛"

村镇银行"麻雀虽小，五脏俱全"，各类制度、系统、运营流程等都要从头建立。村镇银行的综合业务系统、清算系统、财务管理系统、结算系统、征信与信贷管理系统等都处于论证与分步施工阶段。只有极少的村镇银行加入了人民银行的大小额支付系统、电子对账系统、银行卡跨行支付系统、账户管理系统和同城票据交换系统等，多数村镇银行只能通过发起

---

① 很多村镇银行反映，自身的经营状况良好，但最担心的是同类村镇银行遭遇危机，引发系统性的恐慌，风险蔓延波及自身。

行间接清算，不能充分享受到现代化支付体系带来的便捷服务（任常青，2012）。村镇银行的汇兑、银行卡、同行拆借、电子银行等业务难以开展，成为了网络、网银、信息不畅的"金融孤岛"。同时，由于不能共享征信系统，不利于村镇银行查询使用征信信息，防范信用风险。村镇银行的信贷信息无法传递到征信系统，也影响了征信系统数据的完整性和准确性。

六、政策支持有限，基层监管力量薄弱

国际范围内村镇银行、社区银行等微型金融的发展经验证明，要保证其发展壮大和稳健运行，政府的支持和有效管理是必不可少的。如格莱珉银行一直受到孟加拉国政府的多方面政策支持和资金援助；美国社区银行的发展很大程度上归因于美国政府采取的严禁竞争、严禁跨州设立分支机构等政策实施；日本政府从存款保险、相互援助、信用保证保险制度等方面对社区银行发展给予支持。相比之下，我国村镇银行接受的国家税收政策扶持不够明确，税收减免、财政补贴和支农奖惩机制等不够清晰。相反，部分地区地方政府对村镇银行的组建干预过多，在村镇银行治理结构、贷款投向和人员配置方面介入太深，有的要求和主张甚至影响到村镇银行组建的根本任务与社会服务功能的发挥（文维虎，2012），扭曲了村镇银行的正常经营机制。

村镇银行与其他商业银行相比，无论在设立目的、产权结构还是业务特征等方面都存在明显区别，但面临着无差别监管管理，综合评价与分类监管服务不配套，差异化、联动性监管与服务不到位。国内尚未形成针对村镇银行的特色监管框架，在村镇银行分支机构设立、跨区域的联动监管、远程服务、任职目标考核等方面，也缺乏具体的监管评价标准，特别是对村镇银行服务"三农"、"风控水平"与"综合竞争力"，缺乏应有的评价和奖惩措施。

在监管模式上，银监会采取"低门槛、严监管"的模式，"低门槛"实现了，但"严监管"很难落实到位。在要求村镇银行延伸县、乡、村服务的同时，有关方面并没有提供相应的金融基础设施，基层监管机构监管力量普遍不足。在中国银监会《关于加强村镇银行监管的意见》中已经明确"银监分局对辖内村镇银行实施属地监管，具体监管工作可授权监管办事处实施"。村镇银行所在的县级辖区监管力量最为薄弱，有的县域还没有直接

的银监会派出机构，设立监管办事处的也大多仅有 2~3 名监管人员，年龄普遍老化，素质相对较低，不仅要负责辖内金融机构的监管，还要承担对机构分散、业务繁杂、监管内容和方式特殊的村镇银行的监管，这就加大了对村镇银行现场检查和监控的难度，监管效果大打折扣。特别值得关注的是，近年来城市商业银行、农村商业银行等加速在异地设立村镇银行机构，发起行和村镇银行的资金和风险转移缺乏"防火墙"，而属地监管原则使联动性监管与服务不到位，村镇银行加速发展过程中的监管真空成为隐忧。

第五章 山东省村镇银行发展的案例分析

为了解村镇银行实际运作过程中的真实状态，笔者通过现场调查、座谈走访等方式对山东特别是潍坊地区的村镇银行开展了实地调研，先后走访了高密惠民村镇银行有限责任公司（以下简称高密惠民村镇银行）、青州中银富登村镇银行有限公司（以下简称青州中银富登村镇银行）、寒亭蒙银村镇银行股份有限公司（以下简称寒亭蒙银村镇银行）、诸城建信村镇银行有限责任公司（以下简称诸城建信村镇银行）、寿光张农商村镇银行股份有限公司（以下简称寿光张农商村镇银行）、临朐聚丰村镇银行股份有限公司（以下简称临朐聚丰村镇银行）、东营莱商村镇银行股份有限公司（以下简称东营莱商村镇银行）等多家山东地区村镇银行。与各家村镇银行的行长、副行长、部门负责人等进行了集体座谈和个别访谈，调阅了相关的文件资料，考察了部分村镇银行的典型客户，并与当地银监分局及监管办的工作人员进行了交流和探讨，形成了具体的案例分析和诊断报告。

第一节 山东省及潍坊地区村镇银行发展的整体情况

从 2008 年底山东开设首家村镇银行开始，由于注册资本门槛相对较低、贷款审批灵活迅捷，村镇银行很快就成了省内农村金融市场最活跃的一股力量。近几年，山东省村镇银行也以每年增设十几家的速度发展着，2013 年山东省新设村镇银行 18 家，村镇银行总数已达 82 家，县域覆盖率达到 65%，截至 2014 年 4 月中旬省内已开设了 85 家村镇银行，在全国位居前列。山东省村镇银行的主发起行既有国有商业银行（如中银富登系的村镇银行和建信村镇银行）、股份制银行（如蓬莱民生村镇银行、滨州周平浦发银行）、城市商业银行（如东营莱商村镇银行、寒亭蒙银村镇银行）、农村商业银行（如高密惠民村镇银行、奎文中成村镇银行），也有外资银行（如荣成汇丰村镇银行）等，注册资本多在5000万~1亿元。根据山东省"十二五"金融业发展规划纲要要求，"十二五"末要达到村镇银行县域全覆盖、县区覆盖率85%以上，而全省村镇银行的数量也将达到100家左右。

潍坊市位于山东半岛中部，地扼山东内陆腹地通往半岛地区的咽喉，全市总面积为16140平方公里，约占全省总面积的10%；常住人口为923万；2013年生产总值（GDP）达到4420.7亿元，人均GDP达到47943元；县域经济较为发达，农、林、牧、渔业总产值达到850.7亿元；金融运行整体平稳，全市金融机构本外币各项存款余额为5059.8亿元，各项贷款余额达4005.8亿元，利润总额152亿元。潍坊市现辖潍城区、奎文区、坊子区、寒亭区、青州市、诸城市、寿光市、安丘市、高密市、昌邑市（以上6市均为县级市）、昌乐县、临朐县4区6市2县。潍坊市作为全国农业产业化经营的发源地，农业现代化程度较高。2013年全市新增现代农业园区110个，登记家庭农场1808家，新增农民合作社2695家，被国家发改委确定为全国唯一的现代农业综合改革试点城市。潍坊市已设立村镇银行7家，下设支行10家，分别是寿光张农商村镇银行、寒亭蒙银村镇银行、青州中银富登村镇银行、高密惠民村镇银行、诸城建信村镇银行、临朐聚丰村镇银行和奎文中成村镇银行（见表5-1）。截至2013年12月末，各项存款达28.44亿元，较年初增加11.39亿元，增长66.81%；各项贷款24.83亿元，较年初增加9.99亿元，增长67.3%；不良贷款余额1578万元，较年初增加830万元；实现账面利润8383万元，同比增加2091万元；辖区村镇银行农户贷款余额为12.48亿元，小企业贷款余额为11.44亿元，农户和小企业贷款余额占各项贷款比重为96.8%。

从整体业务管控来看，6家开业1年多的村镇银行资本充足率均高于8%，农户及小企业贷款占比均高于80%的监管要求，其中5家县域村镇银行农户贷款占比均高于50%。各家村镇银行在单一客户贷款集中度、单一集团客户授信集中度等方面都符合监管要求，户均贷款余额不高于100万元，流动性比例均高于30%。潍坊市村镇银行2013年基本经营情况如表5-2所示。

表5-1 潍坊市村镇银行注册信息

名称	注册资本（万元）	发起人（股东）	出资额（万元）	出资占比（%）	成立日期
寿光张农商村镇银行股份有限公司	10000	江苏张家港农村商业银行股份有限公司	7100	71	2008-11-11
		山东寿光农村商业银行	1900	19	
		山东乐义金融担保投资有限公司	1000	10	
高密惠民村镇银行有限责任公司	5000	吉林九台农村商业银行股份有限公司	5000	100	2011-05-25
青州中银富登村镇银行有限公司	998.46	中国银行股份有限公司	898.62	90	2011-06-09
		富登金融控股私人有限公司（Fullerton Financial Holdings Pte. Ltd）	99.84	10	
潍坊市寒亭区蒙银村镇银行股份有限公司	10000	内蒙古银行股份有限公司	5000	50	2011-02-12
		潍坊金茂国际大酒店有限公司	1000	10	
		王乐义	1000	10	
		王清汉	1000	10	
		王振华	1000	10	
		任朋爱	1000	10	
山东诸城建信村镇银行有限责任公司	10000	中国建设银行股份有限公司	5100	51	2012-03-15
		诸城市贝斯特工贸有限公司	500	5	
		诸城市龙泉自来水有限公司	500	5	
		诸城市洋晨机械制造有限公司	500	5	
		新郎希努尔集团股份有限公司	990	10	
		诸城市三力钢构有限责任公司	500	5	
		诸城市同翔机械有限公司	910	9	
		诸城市义和车桥有限公司	500	5	
		诸城市佳恒汽车销售服务有限公司	500	5	

名称	注册资本（万元）	发起人（股东）	出资额（万元）	出资占比（％）	成立日期
山东临朐聚丰村镇银行股份有限公司	10000	山东临沂兰山农村合作银行	5100	51	2012－12－25
		山东宝龙达胶业有限公司	200	2	
		浮来春酿酒集团股份有限公司	200	2	
		山东海纳德化工有限公司	200	2	
		山东美格铝业有限公司	200	2	
		潍坊市博创机械有限公司	200	2	
		山东华建铝业集团有限公司	800	8	
		山东锦绣前程装饰工程有限公司	800	8	
		上海丞玺资产管理有限公司	800	8	
		山东三义化工股份有限公司	800	8	
		山东建美铝业有限公司	400	4	
		山东临朐百货大楼有限公司	300	3	
潍坊市奎文区中成村镇银行股份有限公司	20000	成都农村商业银行股份有限公司	14000	70	2013－12－31
		潍坊金宝利经贸有限公司	1200	6	
		拜肯生物科技（上海）有限公司	1200	6	
		邹平县经纬轻工科技有限公司	1200	6	
		山东海纳德化工有限公司	1200	6	
		山东百事德实业有限公司	1200	6	

表 5－2　潍坊市 6 家村镇银行基本经营情况（2013 年）

机构	各项存款			各项贷款			利润总额		存贷比	不良贷款
	期末余额（万元）	较年初＋、－（万元）	较年初增长（％）	期末余额（万元）	较年初增长（％）	农户和小企业贷款占比(％)	期末余额（万元）	较同期＋、－（万元）	期末比例（％）	期末余额（万元）
寿光张农商村镇银行	84062	17636	26.55	73811	10.52	93.81	5046	96	75.91	568

续表

机构	各项存款			各项贷款			利润总额		存贷比	不良贷款
	期末余额（万元）	较年初+、-（万元）	较年初增长（%）	期末余额（万元）	较年初增长（%）	农户和小企业贷款占比(%)	期末余额（万元）	较同期+、-（万元）	期末比例（%）	期末余额（万元）
潍坊市寒亭区蒙银村镇银行	45659	5275	13.06	38629	32.35	97.16	916	79	84.60	295
青州中银富登村镇银行	30049	9315	44.92	39241	73.91	100.00	930	757	130.59	333
高密惠民村镇银行	60478	29391	94.55	32113	98.39	100	832	242	53.10	0
山东诸城建信村镇银行	23261	11777	102.56	24114	88.48	96.02	599	860	103.67	382
山东临朐聚丰村镇银行	40231	40231	100.00	39180	100.00	96.75	59	59	97.39	0
村镇银行小计	283741	113626	66.79	247088	67.50	96.80	8382	2093	—	1578

第二节 山东省村镇银行发展的典型案例

一、寿光张农商村镇银行

2008年11月20日，山东省首家村镇银行——寿光张农商村镇银行开业，注册资本 1 亿元，由江苏张家港农村商业银行、山东寿光农村商业银行、山东乐义金融担保投资有限公司三家企业法人共同发起设立。寿光张农商村镇银行的初期股东构成如下：江苏张家港农村商业银行股份有限公司持股比例为 71%，山东寿光农村商业银行持股比例为 19%，山东乐义金融担保投资有限公司持股比例为 10%。2011 年，山东乐义金融担保投资有限公司将持有的股份转予寿光乐义投资集团有限公司。目前股东构成为：江苏张家港农村商业银行股份有限公司持股比例为 68.75%，山东寿光农村商业银行持股比例为 19%，寿光乐义投资集团有限公司持股比例为 10%，寿光张农商村镇银行内部员工持股比例为 2.25%。该行第一大股东持股较高，股权结构分散度较低。

寿光张农商村镇银行开办存款、贷款、支票、本票、汇票及汇款业务，票据业务仅有银行承兑汇票业务、票据贴现业务。网上银行开通较晚，2010 年开办代理保险业务，但业务量较少。该行贷款业务均为短期贷款，以单位贷款为主，贷款行业主要涉及农户、加工、农资等行业，贷款方式有抵押、质押、担保三类，以贷款抵押为主。贷款产品有蔬菜大棚抵押贷款、农村住房抵押贷款、农村土地流转贷款等新型贷款方式。前十大贷款企业涉及电力、热力、燃气、制造业、卫生社会服务业、批发零售业等。

自开业以来，寿光张农商村镇银行存款、贷款、涉农贷款、营业收入逐年提高，净资产稳步上升。资本充足率逐年趋于稳定并呈上升态势，资产负债率逐年上升。截至 2013 年末，全行资产总额为 112782.58 万元，较年初增长 29.2%；负债总额为 95334.9 万元，较年初增长 32.18%；所有者权益总额为 17447.68 万元，较年初增长 15.04%；存款总额为 84062.29 万元，较年初增长 26.55%；贷款总额为 73811.28 万元，较年初增长 10.52%。

寿光市政府对张农商村镇银行给予了必要的关注和支持，专门出台了扶持其发展的文件，对筹建过程中涉及的行政事业收费一律从低收取；积极给予存款帮扶，承诺年均存入 3000 万元以上财政资金和允许行政事业单位财政性资金开户结算；5 年内按照村镇银行实际上交的地方税收，市政府给予等额补助；当地人民银行提供了再贷款支持，2010 年中国人民银行寿光支行向寿光张农商村镇银行发放第一笔支农再贷款 5000 万元，2012 年 2 月办理支农再贷款 2000 万元。

寿光张农商村镇银行确立了"立足城乡、服务'三农'、服务中小企业"的经营宗旨，围绕当地支柱产业，积极服务于农民专业合作社和乡镇工业园区的小微客户，深入推进与种植、养殖型专业农户长期的合作关系，重点支持生资、蔬菜储存、蔬菜贩运、大棚种植等。试点了以大棚、畜禽舍、渔船、盐田使用权作为抵押的新型抵押贷款业务，深入拓展了农业订单融资贷款；针对农民专业合作社在组织产、供、销过程中的生产资金需求，推出农民专业合作社贷款业务，帮助农民专业合作社、农业化龙头企业解决资金需要；与人保财险公司合作，推出了"涉农小微企业贷款保证保险"业务，建立了"贷款保证基金（蓄水池）＋保险超赔"模式，拓展了客户贷款方式，规避了信贷履约风险。

寿光张农商村镇银行在发展过程中有以下较为突出的问题：

第一，人员配备的问题。主发起行张家港农村商业银行，占有71%的股权，具有绝对控股权，对村镇银行的发展思路是先做大规模、后充实人员。但一线营销人员较少影响了业务的拓展。目前每名客户经理须负责40余个客户近4000万元贷款，由于服务对象主要是农户和个体、小型企业，贷款额度小，信贷工作面广量大，已不能满足现有贷款的后续管理要求，制约着信贷业务的进一步开拓。

第二，关于业务开拓的问题。员工主动营销意识不强，而且因网点少、宣传不到位等，老百姓对其缺乏了解，尚未被寿光广大居民及企业所认知，与其他银行机构相比，有时被当作"私人银行"，担心它的实力和信用，一定程度上影响了资金组织力度。寿光张农商村镇银行人均存贷款仅为417万元和567万元，分别低于寿光市金融机构平均水平1511万元和823万元。业务创新方面，张家港农村商业银行作为全国首批农村商业银行虽然具有较为先进的工具和成熟产品，但由于江苏、山东两省在经济金融、社会文化之间的差异和人文思想、理念认识的不同以及市场基础、信用环境差别，村镇银行移植的张家港农村商业银行管理模式和一些产品有一定程度的"水土不服"，也没有融入本地经济社会发展，业务创新未取得实质性进展。

第三，关于技术、政策支持的问题。从目前寿光张农商村镇银行存款结构看，保证金存款占比近一半，具有较大的不稳定性，一个重要因素是技术配套支持不到位，结算渠道不畅。寿光张农商村镇银行自2009年3月开始协调印制转账、现金支票，为企业开立基本结算账户做好准备。但由于大小额支付系统行号未通过系统渠道申报，影响现金支票的正常使用，削弱了企业到村镇银行开立基本结算账户的积极性，客观上也限制了负债业务的发展。没有负债业务增长，资产业务也就成了无本之木。

面对诸多问题，寿光张农商村镇银行将进一步转变工作思路，明确定位，建立目标明晰、措施有效的短、中期发展规划，推进业务发展和质量效益的提升；建立激励有效、约束严格、权责明晰、奖惩分明的内部管理制度，带动专业化管理水平的提高；尽快解决好结算等问题，畅通渠道，加强产品创新和人才队伍建设，加大品牌宣传推广力度，加快融入当地经济社会发展，提升差异化竞争能力。

二、青州中银富登村镇银行

青州中银富登村镇银行是中国银行股份有限公司与新加坡淡马锡公司旗下的富登金融控股公司共同筹建的一家村镇银行，注册资本6500万元，其中中国银行出资5850万元，占青州中银富登村镇银行总资本的90%，新加坡淡马锡旗下全资子公司富登金融控股公司出资650万元，占10%。自2011年7月开业以来，该行各项业务持续稳健发展，至2013年6月末，各项存款余额1.8亿元，各项贷款余额2.5亿元，累计发放小微企业贷款589笔，金额为3.85亿元，余额为1.79亿元；累计发放农户贷款400笔，金额为0.89亿元，余额为0.71亿元。贷款结构完全体现了"支农、支小"，农户和小企业贷款占比100%，资本充足率为21.58%，核心资本充足率为21.58%，流动性比例为35.74%，无不良贷款，单一客户贷款集中度为7.7%，各项监管指标均符合监管要求。

作为大型上市银行，中国银行具有自身的品牌优势和广泛的网络渠道。富登金融则专注于服务小微企业、个体工商户，在亚洲地区拥有丰富的微型金融运作和管理经验，已形成了一整套独特的商业模式。其丰富的农村金融业务开展经验，能够为中银富登村镇银行在农村金融市场开展业务提供指导，其关系型的融资服务和风险控制技术也成为中银富登村镇银行成功运营的重要模板。青州中银富登村镇银行作为两者结合的结晶，构建了自己独特的经营管理模式，开创了商业银行与境外投资机构合资组建村镇银行的先例，为村镇银行的发展提供了借鉴。

首先，青州中银富登村镇银行依托总部支持，建立了特色管理模式。一是实施"垂直管理"模式。在北京建立了村镇银行管理总部，青州中银富登村镇银行各部门都直接隶属于北京总部的对口部门，目标任务下达、人员培训、绩效考核等均由总部对口部门直接管理，从而减少了"部门银行"模式下银行内部制衡机制难以有效发挥作用的问题。信贷审批流程采用了"垂直+集体"模式，即由总部垂直管理部门的信贷审批有权人进行集体审批，或者采取经有权审批人授权、青州中银富登村镇银行信贷人员集中审批的模式。作为青州中银富登村镇银行行长，在信贷审批流程中只能行使否决权，没有决定权，有效杜绝了"人情贷款"的发生。二是打造"集中管理"平台。村镇银行管理总部开发建立了集中统一的 IT 系统和后台运营平台，为机构选点布局、设点验收、产品开发与管理、信贷工厂运作、IT 系统建设和维护等提供集中化的中后台服务；IT 系统则通过中行代理接入人民银行"大小额支付结算系统"，有效解决了同业资金汇划问题。三是组织结构简单鲜明，形成了行长、副行长、客户经理三个管理层级。①在部门设置上，针对目标客户，下设中小企业事业部、微型企业事业部、个人金融事业部。中银富登村镇银行一直坚持招聘当地员工，因为土生土长的当地员工更了解当地的环境和客户的需求，会投入最大的激情与活力服务客户。②

其次，青州中银富登村镇银行探索灵活多样的营销方式，为"三农"和"小微"提供有特色的信贷服务。一是采取"伸缩式"抵押物价值管理。将现金流、销售收入、还款意愿及企业的违约成本等因素，作为评定企业还款来源的主要指标，而对抵押品的评估则放在次要位置，降低抵押物在放贷条件中的比重。对于不可抵押登记的厂房、土地，可以通过所在村委会、银行、企业签订三方协议的方式，提供给企业贷款。同时，有别于其他银行的足额抵押，对抵押品价值实行部分放大政策，评级越高的企业放大倍数越大，最高可放大至 1.5 倍，有效解决了小微企业贷款难问题。二是实施违例和豁免政策。对不完全符合政策的客户，如果有证据证明可以对不符合政策的情况采取补充措施进行风险防控，则可以进行违例申请。此外，对于有明确规定不得向其发放贷款的部分行业或企业，如果有政策或风险控制措施可以防控或准入，则可以对这些行业或企业申请贷款进行政策上的修改或补充。三是开展有青州中银富登特色的宣传营销活动，如举

---

① 为给客户一种全新的金融服务体验模式，青州中银富登村镇银行行长将自己的办公室设在一楼，而其他员工都在二楼，以随时看到大厅的情况、客户的反馈和员工的状态。

② 青州中银富登村镇银行的员工中 80% 都是当地人，70% 没有银行从业经验。该行坚信年轻人的可塑性，因此会给入职员工系统化的培训。由于 80% 的员工都是当地人，员工的亲戚朋友会以他们在青州中银富登银行工作而自豪，从而转介客户。

办"企业交流联谊会"，施行"批量化营销"；全面依托"青州中银富登村镇银行企业家俱乐部"活动、"微型企业家（个体工商户）座谈会"、"种植户联谊会"、"村主任下午茶"等活动，推介特色产品，建立了属于自己的客户群体。

再次，青州中银富登村镇银行结合青州经济发展实际，围绕客户需求，开发独具特色的服务和产品。一是要求客户经理采取"分片负责制"，对客户实行一对一的全程跟踪服务，并通过无线网络实时与客户管理系统相连，为客户现场定制服务方案；在办理柜面业务时，凭指纹识别系统即可快速识别客户身份，免除客户记忆密码的烦恼。同时，一旦开立账户并录入客户信息，系统便能随时因人而异，推荐适当的产品，最大限度地满足客户快捷服务的需要。二是建立规范、高效的贷款审批流程。针对小企业和个体工商户资金需求急的特点，积极建立规范高效的贷款审批流程，实行一条龙服务，提高了贷款审批效率。信贷客户经理受理借款人申请资料后及时开展贷前调查，将相关资料提交运营部，运营部将贷款申请资料扫描进影像系统，风险管理部通过影像系统审查资料，进行现场核查，然后报请独立审批人审批发放，剔除抵押登记时间，整个贷款过程可在 10 个工作日内完成。三是开发"因地制宜"的特色产品。村镇银行管理总部对中小企业、微型企业、个体工商户等分别开发 4～6 个信贷产品，并根据试用情况及时修改，满足当地实际需求，如针对中小企业开发了成长贷、无忧贷、展业贷、轻松贷；针对微型企业开发了好乐贷、多享贷、随需贷、快活贷；针对个人客户开发了随薪贷、信用贷、安居贷、定存贷；针对涉农客户开发了欣农贷（蔬菜大棚贷款）等产品。

最后，青州中银富登村镇银行采取扁平化风险管理模式，构建风险防控长效机制。一是实行情景分析→客户准入→授信审批→资产组合管理、预警、软回收的风险控制模式，在信贷政策中明确规定了客户准入、额度和拒绝标准，设置了独立的风险管理部门，与各业务条线平行操作，信贷审批管理、资产评估、预警催收实行专人负责，保持信贷审批的独立性。风险审批专员和客户经理在贷前必须进行三人百分百现场核查，做到"三进三看"，即进车间、进仓库、进财务系统；看电表、看水表、看排放，通过严格的现场调查，确保了解和掌握借款人的真实经营状况。设置风险预警专员，直接对行长负责，在贷后 15 天内必须逐户进行回访，对贷款发放金额、利率、用途、是否受托支付等进行核查。二是建立了较为完善的硬件防控体系。引入了庞大的客户关系信息管理（CRM）系统，涉及基本信息、家庭收支、人际关系等几十类数百项信息，并进行实时更新，以此对贷款风险进行及时判断，并作为审批决策的有益参考。三是着重考虑客户违约成本，即不归还贷款敞口对正常经营企业的声誉影响。在贷款审批过程中，采用浮动式的违约成本测量口径，将企业贷款敞口的大小与客户的经营能力挂钩，允许经营能力强的企业大敞口，经营差的企业小敞口。

三、山东东营莱商村镇银行

东营莱商村镇银行是 2010 年 10 月 27 日成立的东营首家自主经营的新型法人商业银行。其发起行是山东莱商银行①，莱商银行的市场定位是"服务当地经济、服务中小企业、服务城乡居民"，从 1997 年的 2000 万元存款、3000 多万元贷款到 2012 年各项存款余额达到 249.09 亿元、贷款总额 178.92 亿元，被英国《银行家》评为中国银行业 100 强中的第 66 位，依靠的就是广大中小企业贷款。莱商银行在山东东营、河南南阳方城、天津武清和山西五台山发起设立了四家村镇银行，其中，山东东营莱商村镇银行经营业绩最为突出，各项经营指标位居山东村镇银行全省第一、全国前列，在山东地方金融企业绩效评价中以全省第一的成绩被评为 AAA 级村镇银行，在经济日报社组织的 2013 年中国县域经济年会中被评为"中国十佳村镇银行"。

东营莱商村镇银行全行员工 260 人，注册资本 3 亿元，下辖 1 家营业部和 10 家支行，支行覆盖了东营的所有乡镇和城乡结合部。截至 2013 年 12 月末，资产总额为 40.38 亿元，各项贷款为 23.66 亿元，不良贷款和不良率为 0，成立 3 年累计实现利润 2.47 亿元，上缴各类税收 1.12 亿元。

东营莱商村镇银行的成功经验主要体现在以下几点：

首先，"三会一层"运作良好。东营莱商村镇银行发起行初始投资占比达 51%，后经两次股权增发，持股比例降到 30% 以下，其余参股方为当地的企业。董事长由莱商银行的董事长兼任，除一名副行长由发起行派出外，行长等经营管理层都由本地招聘产生。莱商银行对东营莱商村镇银行管理全权授权，除享受股权分红外，不干预莱商村镇银行的日常经营管理。该

---

① 前身是莱芜市城市信用社，2005 年改制为股份制商业银行，2008 年更名为莱商银行。

行明确规定董事会和股东只能制定发展战略，不能干预业务经营和人事任免①；在选择股东时，重点考察股东的资信条件、投资理念和回报预期，保障股东之间、股东与发起行之间的理念接近、理性互动；要求股东不允许涉及任何关联交易和内部贷款。良好的治理结构形成了良性的责、权、利机制和企业文化，有利于东营莱商村镇银行的科学可持续发展。

其次，专注支农、支小的市场定位。倡导"以融资支持为纽带，融资与融智相结合"的支持服务方针，致力于为"三农"和小微客户提供方便、快捷、多元化的金融服务。一是客户群体定准位。该行秉持做小、做精、做实，专注服务"三农"的经营定位，大部分客户为农户和个体工商户，贷款金额在10万元以内，中型以上企业非常少。同时要求所支持企业必须涉农，对大中型的非涉农企业一概不介入。二是产品研发定准位。发挥一级法人的特有优势，打造专业化的产品体系，如自主研发了"阳光诚易贷"系列产品，依托电子支付手段，将贷款嵌入银行卡中，满足"三农"和小微企业客户"急时用、即时贷"的用款特点。三是客户经理团队定准位。组建了5个专司农户信贷业务的绿色信贷工作组、7个专司小企业业务的小微信贷工作组，分别设置了3~5名具备小额信贷经验的专职客户经理。四是业务模式定准位。该行针对农村经营的特点，坚持"走出去"营销服务，先后组织开展多种形式的上门服务2030余次，上门服务客户2600余次；积极评选"信用客户"、"信用村"，对守信的客户群体给予贷款金额和利率优惠；根据客户特点量身定制信贷方案，实施灵活的担保模式，如即使小微企业客户没有任何抵押物，也可以通过担保公司、租赁权质押、会员企业联保等方式得到融资服务。成立3年来，该行累计发放农户和小微企业贷款95.22亿元，占全部贷款累计发放额的93%以上。

再次，专注培育阳光、透明的信贷文化。一是树立阳光理念，积极引导员工树立支农、支小的服务理念，通过大量的实地考察和现场调查，让客户经理真正了解、熟悉农村居民和小企业客户群体，为针对性地提供差异化、特色化的金融服务奠定了基础。二是塑造阳光信贷行为，将客户经理队伍培养和信贷文化培育作为信贷模式建设的主线，实施对不良行为的"零"容忍，杜绝违反从业道德事件的发生，要求客户信息征集合规真实，对有暗箱操作行为的严格处罚甚至开除。该行连续3年未有员工违反职业道

---

① 如该行人事招聘采用外部专业公司外包形式，较好地规避了内部人控制行为。

德行为发生。三是培养阳光合作模式，明确提出摒弃任何附加融资条件，除信贷利息收益外不收任何额外费用，不允许任何的"关系"费用，同时根据客户需求，差别化设置融资期限、担保方式和还款方式，不让客户承担额外的信贷成本①。

复次，专注打造便捷、高效的信贷流程。该行按照"四快两灵活"的基本思路，不断优化信贷流程，提高融资响应速度。"四快"是指快受理、快调查、快审批、快放款。快受理，即开通了柜面申请、电话申请和网上申请等多渠道的融资申请模式，在第一时间对客户需求做出响应。快调查，即由客户经理白天对客户进行现场调查，并利用当晚时间形成调查报告；推广限时办结制度，将各项服务环节的办结时限以"工作小时"来衡量，切实提高服务效率。快审批，即打破传统的审贷例会制度，使审贷会随需召开，以最快速度完成审批流程②。快放款，即审批通过后尽快落实审贷会提出的风控条件，迅速签署完成相关法律文书，并由放款岗在第一时间对贷款进行审核发放，贷款从申请到发放一般控制在一周以内。"两灵活"是指担保方式灵活和还款方式灵活。担保方式灵活，即可以按照客户实际特点和风险防御能力，灵活选择相应的担保措施；还款方式灵活，即根据客户生产经营周期，灵活确定还款方式，大力开展循环贷款③，一方面可以有效缓解客户的财务压力，另一方面也有利于资金的回笼和风险的有效控制。

最后，专注实施全面有效的风险控制。针对"三农"和小微企业客户风险抵御能力较弱、违约概率较大的实际情况，建立了"贷前调查三原则、信贷受理三红线、贷后检查三结合"的风险管控思路。贷前调查三原则即贷前坚持多方了解重于自我评述、交叉检验重于主观判断、自编报表源于事实依据的基本原则④，通过对借款人的多方了解、财务数据的交叉检验、现场实地考察等方式，基本还原客户相对真实的财务状况，为评价客户风险提供有力支撑。信贷受理三红线即受理时严防提供虚假资料、逾期贷款

---

① 该行反映，虽然贷款利息要价较高，一般年息在12%～14%，但客户因没有其他费用支出，并能提前还款、循环贷款，实际成本负荷较其他大中型银行更低，因此客户从未因贷款利息高企而退出。

② 为方便客户，该行的审贷会多在周六、周日甚至晚上时间召开。

③ 该行鼓励客户根据贷款实际应用情况提前还款，提前还款不收受任何费用并承诺在后续贷款时享受优先优惠。

④ 该行要求客户经理根据实地调查情况给企业自编报表，以规避企业制作虚假财务报表骗贷现象。

未结清、顶冒名贷款三条"红线"；如果借款人出现上述行为的任何一项，坚决予以否决。贷后检查三结合即在贷后要将现场调查与非现场监控相结合、书面记录与影像资料相结合、客户经理与风控人员相结合，从而能够更加真实、全面地反映客户资金的使用情况。

第三节　各家村镇银行发展中的共性与个性特点

一、村镇银行发展空间较大，支持小微企业是生存之道

从经营上看，各家村镇银行都执行较为灵活的客户营销策略和利率政策，客户结构普遍偏小，由于区域经济环境较好，经营机制较活，经营三年以上的基本能够实现盈利。受资本金比例限制，几家村镇银行贷款规模普遍较小，多采用担保方式，贷款条件较为宽松[①]，贷款发放快，利率上浮较多。由于小微企业和个人贷款利率上浮很多在60%以上，能够保障6.5%以上的利差水平，而大企业基本在20%的水平，[②] 村镇银行更倾向于做散、做小。

为了建立在县域特别是乡镇的差异化竞争能力，各家村镇银行都在积极布局渠道建设，网点布设稳步推进，一般在2个左右，部分村镇银行开办了离行式自助银行。基层化的人力资源配置是村镇银行业务拓展的必要条件[③]，村镇银行的网点人员配置在13~17人，主体是客户经理，能够办理

---

① 如中银富登村镇银行企业贷款主要看进货单、销售单、银行过往业务流水。农户贷款由村民宅基地准抵押，村委会盖章即可。县域个人贷款50万元以内的由具有固定收入的公职人员担保即可。

② 很多村镇银行反映，企业一旦从小微企业规模做大，很多就转向其他国有或股份制银行，而大中型的企业风险敞口大，村镇银行的资本和拨备难以覆盖，所以做散、做小是村镇银行在现有条件下的理性选择。

③ 前述的格莱珉银行和印度尼西亚人民银行乡村信贷部都是依靠基层化的人力资源配置挨家挨户上门服务来拓展市场。

信贷业务，在乡镇较之农业银行和农村信用社具备明显的人员和业务授权优势①，村镇银行的市场参与也在很大程度上加剧了县域特别是乡镇的金融竞争程度②，给当地乡镇客户带来了更多的金融机会。

各家村镇银行普遍认为，新型城镇化孕育了很多发展机遇。新型城镇化需要加强城镇能源、供水、交通、通信、文化娱乐等城市基础设施建设，完善住房、教育、就业、医疗和养老等城镇公共服务，棚户区改造、农村新型社区建设、土地整理和小城镇综合开发伴随大量资金缺口，具体的筹资和融资需要村镇银行等金融机构参与。更重要的是，伴随着产城互动，农村劳动人口向城市转移，土地流转和规模化经营加速，配套的金融服务需求更加复杂和多样化，农民生活的城市化也将衍生一系列的金融需求，这些都给刚刚成立的村镇银行创造了业务发展空间。

二、村镇银行经营面临一系列困难和挑战

各家村镇银行存在的主要问题和挑战体现在以下几点：

第一，风险管理基础薄弱，风险释放压力较大。部分村镇银行经营管理比较粗放，内控基础不足，执行力较差。一是内控机制不健全。部分村镇银行存在诸如管理制度照搬主发起行、个别制度长期缺失、授信审批流程不完善、内部审计不到位等问题，内部管理存在形式化、周期化、简单化的现象，未形成覆盖各项业务风险环节的管理制度③。二是内控执行力较差。部分机构信贷管理比较薄弱，存在贷款"三查"不落实、贷款新规执行不到位、贷款被挪用等违规问题。三是人员素质和数量与业务发展不匹配，由于贷款余额普遍较小，而数量众多，信贷业务人员业务管理半径大、人均管户多，专业人才匮乏，存在风险隐患。四是风险缓释能力不足。受

---

① 很多村镇银行行长坦言，在县域尤其是乡镇经营，一级法人的便利性得到了充分体现，村镇银行最怕的是国有大行等放宽授权、真正"沉"下来，大中型银行现有的体制机制障碍是约束其县域相对竞争力能力的主要"瓶颈"。

② 很多村镇银行认为城区包括县城同业竞争太过激烈，而乡镇市场机构匮乏，农村信用社一家独大，其市场份额很容易被抢挖。

③ 很多村镇银行的内控和风险管理制度来源是多元的，有的是照搬主发起行的，有的则是上级监管部门规定好的一些原则性要求。来源各异的制度之间存在不统一、不衔接的地方，与所处的农村金融市场的实际也会有不相符之处。村镇银行需要在实践中形成和完善一整套切合实际、行之有效的业务流程和内控体系。

企业经营管理不善、贷款期限与企业生产期不匹配等因素影响，部分借款人的还款能力弱化，导致个别村镇银行不良贷款持续暴露。五是票据业务风险需要关注。部分村镇银行办理票据业务不审慎，存在贸易背景审查不严、后续检查不到位、贷款缴纳承兑汇票保证金等违规问题。尤其需要关注的是，村镇银行受区域经济发展情况影响很大，2014年以来，随着区域经济深化结构调整和增速放缓，各类企业在经济下行期信用风险持续暴露，引致部分村镇银行不良贷款激增。

第二，公司治理有效性不足。很多村镇银行未设立监事会，无法发挥对董事、行长和其他高管人员的履职监督作用。部分董事对银行经营一知半解，履职能力不强，多次缺席董事会或委托其他董事代为履行表决权。部分村镇银行薪酬管理制度不健全，甚至未制定涉及高管人员的薪酬和绩效考核制度办法。很多村镇银行复制了发起行的管理模式，与发起行的组织架构、运作流程同质化，未体现出区域特点，自主创新能力缺乏。

第三，部分村镇银行偏离市场定位。个别村镇银行仍存在支农力度不够的情况，贷款主要投向了制造业和批发零售业，真正的农、林、牧、渔业贷款占比不高。如某村镇银行向4家中型企业发放1600万元贷款，因企业涉及民间融资形成授信风险，其中878万元形成不良贷款；某村镇银行前10户集中度占资本净额90%以上，既影响了小微企业、农户贷款整体投放，同时由于集中度限制，也影响了整体业务增长。值得关注的是，统计口径过宽在一定程度上导致涉农贷款虚增。现行的《涉农贷款专项统计制度》将"注册地"作为涉农贷款划分的主要依据，规定"除地级及以上城市的行政区及市辖建制镇以外的区域的企业及各类组织的所有贷款均归属为涉农贷款"，"金融机构发放给注册地在县级城关镇的企业及各类组织贷款均被归入农村企业及各类组织贷款"，也就是说，只要是县级（含县级）以下贷款，无论发给谁，都属于涉农贷款。各县市的政府融资平台贷款、县城关镇工业企业、商业流通企业和房地产企业贷款、非农户房地产按揭贷款等非涉农贷款因此也全部被统计为涉农贷款，并享受有关的政策优惠和补贴。

第四，信息科技支撑薄弱。各家村镇银行IT系统建设主要采取三种模式，一是与发起行共用一个核心业务系统；二是由发起行统一开发、管理村镇银行专用业务系统；三是村镇银行自主开发运营（包括购买城商行联盟、其他银行系统），如临朐聚丰村镇银行租用兴业银行的结算系统和网络系统，能够与兴业银行实现全国的通存通兑，东营莱商村镇银行租用了城商行联盟系统。村镇银行 IT 建设存在以下问题：一是信息系统建设需求受发起行科技规划及科技能力限制较大，信息系统开发受制于人，不便于开发有本行特色的业务功能，且村镇银行容易形成依赖心理，对信息科技部门或岗位设置不到位。二是由发起行负责开发专用系统，由于部分项目建设周期较长，在实施过程中可能遇到一些不可预知因素影响村镇银行如期使用，部分村镇银行的信贷业务管理、办公及台账管理等多采用手工方式进行处理。三是与发起行共用一个核心系统，由于部分发起行自身核心业务系统存在缺陷，直接影响了村镇银行系统功能使用。同时，部分村镇银行核心业务系统的数据不能自行备份，需要依托发起行进行管理、维护，在机房和设备安全管理方面存在隐患。四是部分异地发起机构由于与村镇银行不在一个行政区划内，加大了网络通信及异地交易费用。

第五，网点铺设受限，缺乏规模效应。农村金融市场上居民居住地相对分散，需要一定数量的网点才能覆盖市场。很多村镇银行都希望监管部门能放宽政策，进一步扩大网点网络规模。由于分支网点开设成本较高，同时要承担一定的人力资源费用，对规模较小、起始资金较少的村镇银行而言短时期内难以扩展渠道，无法发挥规模效应。

第六，受制于品牌影响力和社会认知度较差，各家村镇银行存款结构中储蓄存款占比不高，一般在 30% ~ 45%，对公贷款主要依赖于贷款形成的派生存款和保证金存款。当前，利率市场化对村镇银行压力较大，各家村镇银行对利率市场化都充满担心，一方面存款利率的上浮使村镇银行的资金组织难上加难，而贷款定价的放开也容易引发同业的竞相压价，压缩现有的盈利空间；另一方面为追求息差而拓展高风险客户更易积累风险隐患。国外银行业利率市场化的实践印证了小银行的比较劣势和脆弱性，村镇银行对这种挑战准备不足。

三、发起行的管理模式决定经营绩效，经营差异化明显

各家村镇银行的经营理念、管理模式和运作流程迥异，其发展水平与其发起模式和治理结构密切相关。各家村镇银行的董事长都反映，发起行的作用举足轻重。资质优良的发起行懂得如何授权管理、如何选配人员、如何提供支持，如何将先进的管理方式"本土化"，有利于促进村镇银行的

可持续发展。发起行绝对控股的村镇银行多实施分支式的管理模式，经营管理受其发起行的严格管控，无论是网点的设立还是人员的聘用都直接受发起行的垂直领导，在业务经营上也受上级行的严格把控，该类村镇银行普遍活力不足，市场拓展缓慢。

中银富登村镇银行的管理模式虽然也是管理部式，但其事业部制管理的特点十分突出，其已在全国 10 个省发起设立了 51 家村镇银行，另有 29 家等待审批，管理总部执行的是发起方淡马锡的管理机制，人、财、物管理权限分条线上及至管理总部，业务经营也由管理总部的中小企业、微型企业和个人事业部垂直管理，青州中银富登等地方村镇银行的财务负责人、风险负责人、审计负责人多是淡马锡派出的，行长职责主要是企业文化建设及与地方党政、监管部门的事务协调，对业务经营没有决定权，但有一票否决权。中银富登村镇银行的管理模式特别适合发展初期的村镇银行，无论是规章制度的建设还是产品服务的设计都是"拿来主义"，某种程度类似于澳大利亚本迪戈银行的特许经营，总部的直接培训、直接管制有利于全国经营管理的整齐划一，特别是大量村镇银行的成立，相互之间形成汇兑和服务网络（也与中国银行的网点通存通兑），应用统一的银行卡和网银产品，执行统一的价格策略（如异地机构存取款免费），形成了统一的银行品牌，充分发挥了规模效应，也有利于整体的风险管理和内部控制。但同时，这种管理模式也存在管理链条冗长、条线利益摩擦带来的低效率问题，如何实现总部与地方、各经营管理条线间的激励相容、互利共赢是必须面对的难题。

部分村镇银行属于共管式管理模式，各类股东在董事会中具有一定的发言权。该类村镇银行受发起行的影响相对较小，股权结构属于权利制衡状态，由于董事长由发起行指派，而行长由当地股东选派，重大经营管理决策取决于董事长和行长的博弈，也取决于谁更强势。部分民营股东利用股东地位为自己或关联企业争取贷款优惠条件，套利银行资金；部分将村镇银行当作一种平台，在"搭便车"分享财务投资收益的同时，还可以享受额外的利益回报（如行内工作岗位的安排①、对外商务往来的地位和筹码等）。由于股权关系复杂，这类村镇银行董事会和管理层的职能边界较为模

---

① 部分民营股东安插的人员由于缺乏金融从业经验、合规经营意识淡薄，在内控制度执行和信贷管理工作中存在不到位的情况。

糊，表现在董事会对战略决策关注不多，在具体的经营环节上又插手较多；行长等管理层与董事长之间存在利益冲突，关系微妙，难以形成合力；很多非银行的民营股东对银行的经营方式和信贷政策知之甚少，履职较为随意，在出具决策意见时也不够专业，亟待加强履职的考核管理和综合培训。对共管式的村镇银行而言，如何落实董事会与管理层的权力分立、保障董事会战略决策的核心地位及风险承担的最终责任，同时明确管理层的目标函数，增强具体业务经营的独立性和考核约束，减少内部人行为，是迫切需要解决的问题。

大部分村镇银行有增资扩股需求，主要想吸引当地的企业及有重要地位和资源的"人物"入股，以便协调政府关系，引进战略资源，方便客户拓展。但当地的民营企业会根据各家村镇银行的现有股权结构和管理模式做出理性选择，那些发起行管制较少、股权结构和管理方式更为灵活的村镇银行显然更受青睐。

山东村镇银行的案例显示，发起行的过度管制，特别是采用分支式的管理方式将村镇银行定位为自身的分支机构，在风险管理上并不见得能够取得实效，反而会抑制村镇银行根据当地客户情况创新经营模式、优化风险防控手段；发起行应注重配合当地股东建设有效的治理结构，依靠村镇银行自身良好的治理机制和内控体系保障业务的稳健发展，实现支持"三农"和可持续发展的动态平衡。

第六章　实现村镇银行可持续
发展的路径探索

第一节　围绕目标市场，分阶段持续发展

村镇银行的设立是为了促进农村地区的经济发展，其特色在于服务"三农"，根基也在于"三农"。为此，村镇银行应明确以"三农"为服务对象的宗旨。在机构布局上要立足于乡镇，植根于农村。在发展初期应本着弥补市场空缺、完善普惠金融体系的原则，以农村信用社网点覆盖不到和服务力量薄弱的经济不发达地区为重点，坚持市场定位小微化、经营人员本土化和发展机制市场化。

现代企业的发展一般要经历创业期、成长期和成熟期。农村经济转型的渐进性和金融需求的层次性也决定了村镇银行发展要经历多个阶段。第一阶段初创期主要是大力挖掘和培育"吃饭客户"，也就是扶助农户发展种植、养殖业，解决农户基本再生产的资金困难，促进小规模农户向组织化的合作社、种养大户、家庭农场等转变；加大对农村小微企业的扶持力度，满足客户浅层次的存贷金融需求，在支持服务中取得客户认可，扩大自己的影响力，创建一批与村镇银行密切相关的基础客户。这一阶段由于村镇银行尚未开发出能显示其比较优势的小额信贷技术，与农村信用社等农村金融机构存在同质性竞争。① 第二阶段成长期是村镇银行与客户互利共赢的发展阶段。在这一阶段，村镇银行有了自己独立或者参与扶持起来的比较

---

① 在面对有限的农村优质客户群时，可能在局部市场还会发生一定程度的过度竞争。

成熟的经营领域，通过前期客户服务建立起来的良好形象和客户间的口口相传，提升了其在社区内的认知度和影响力。农村经济也进入了快速发展阶段，产业结构升级并带来大量的金融剩余。农村土地流转和规模化经营深入推进，大批农户和个体工商户具备了一定的资金实力，成为活跃的经济主体，农村小微企业产业化、组织化水平不断提升，金融需求趋向了多样化、多层次。村镇银行针对中低端市场的专门信贷技术逐步成熟，与其他商业性金融机构之间的关系从"竞争主导"逐步转变为"互补主导"，形成差异化的竞争格局和互补性的市场状态。第三阶段成熟期就到了综合服务提供商阶段。随着农业产业化链条的延伸，农业小企业逐步发展为中型企业，富裕起来的农户实行专业化、规模化经营，农村经济得到了进一步发展，村镇银行与农户、农村经济组织、民营企业建立起了牢固的"鱼水关系"，有了比较强的实力，可以经得起市场的考验。对部分经营好、合规性强的村镇银行可适度放宽跨区经营，分散同质地区的系统性风险，提高村镇银行的业务辐射范围和风险抵御能力。此阶段，村镇银行将发展成为具备全方位综合服务能力的金融中介，为转型的农村经济提供合作中介、信息咨询、风险管理、财务顾问、技术支持等源于金融、高于金融的"能力支持"服务。

以上所说的是一般的、普遍的发展路径和战略。由于区域经济发展的不平衡，农户致富方式和农村企业产业化发展水平存在差异，村镇银行的发展阶段也可能是跨越式的。为此，村镇银行的设立应充分考虑各地区经济条件、金融生态、生产力发展水平的差异性，以及金融服务需求的多样化，坚持因地制宜，稳步推进。总体上看，村镇银行现阶段的基本目标，就是帮助农民脱贫致富、加速农业产业化转型，解决农村最基层客户的资金需求，不从这个定位出发，没有循序渐进的扶助过程，它就不能算是真正意义上的村镇银行。

村镇银行发展要避免农村合作基金会、农村信用社等机构范式改革一味追求机构设置和膨胀、忽视经营质量和服务效率的老路。监管部门须科学测算农村地区资金需求及机构饱和度，审慎推进村镇银行组建，避免滥设机构导致效率低下。Kelee（2004）等发现，在准入门槛极低的情况下，金融机构的风险倾向将增加，审慎经营的激励将减少，破产的概率将大幅增加。印度小额信贷危机告诉我们，农村金融市场应坚持"适度竞争"原则，在当前同质化竞争为主的市场环境中，"撒胡椒面式"的机构设立、

"大水漫灌"式的信贷配给不可避免地走向无序竞争，当大量的劣质借款人因为这种过度的竞争而获得贷款并最终充斥整个金融市场时，不仅大批的金融机构濒临破产边缘，整个市场的信用秩序和信贷环境也将毁于一旦。为此，要进一步改进完善准入和监管政策，优化现有的发展规划，适当放慢审批节奏，避免盲目求多、求快，更要避免以行政强制方式制造"盆景"银行。要科学把握准入标准，适当控制组建进度，变"指令主导"为"政策诱导"，通过营造良好的政策环境和金融生态来吸引投资，重点布局中西部及老少边穷地区、农业主产区和小微企业聚集地区[①]；优选管理经验丰富、风控措施到位、支农意愿强烈的商业银行作为股东批量化组建村镇银行，发挥规模效应，有效解决村镇银行发展过程中资金不足、管理水平较低和风险防控不足等问题；确保村镇银行的组建质量，防范村镇银行在短期内快速扩张带来的金融稳定风险。

在村镇银行的选址上，要保证村镇银行分布在"三农"金融需求迫切的区域。银监会应根据全国县域经济资源禀赋结构与金融机构分布特点，建立科学、动态的村镇银行选址模型，与准入政策挂钩，并与地方政府联动，针对区域结构配套系列优惠政策，着重在后续规划布局上解决村镇银行存在的区域失衡、县乡失衡问题。要明确村镇银行设立分支机构的标准和条件，合理确定开业时间、人才储备、风险评估、内部控制等相关标准和条件，在适度放宽网点增设的同时，引导村镇银行在经营网点的设置上，既要考虑当地农村经济形态和发展的可持续性，又要本着弥补市场空档的原则，以农村信用社网点分布不到位和服务力量薄弱的贫困边远农村地区为重点，尽量设置在金融服务匮乏的县（市）以下的乡（镇）。这既有利于金融资源整合和金融生态环境的优化，也有利于村镇银行下沉服务重心，发挥后发优势，实现可持续发展。

由于村镇银行众多小微客户分布广泛，单一网点的服务半径受到一定的制约。为给客户提供更便捷的服务，可通过设立社区银行[②]或小微网点、

---

① 对村镇银行入驻该类地区可以采取差别性的诱导政策，如更为优惠的税收、补贴、奖励和市场准入政策等。

② 如浙江省义乌联合村镇银行为了完善社区银行建设，于2013年开设了首家驻入式自助银行。该社区银行仅有55平方米，但却设有24小时自助服务区、小微信贷服务区、客户咨询区等功能区，为客户提供现场办理业务咨询、业务推介、客户经理预约、贷款咨询、申请和贷前调查等业务。

流动服务车等方式，积极走进社区、商区和专业市场，以有效弥补物理网点不足现状，延伸服务渠道，延长服务时间，送金融服务到小微客户。在负债业务上，社区银行等投入小、运营成本低，能够帮助村镇银行实现存款的稳定增长。在信贷业务上，可以采取社区银行分散受理接单，村镇银行总部的信贷工厂集中审查、审批的模式，提高"三农"和小微客户的信贷申请和准入效率。在中间业务上，社区银行可以开展金融知识咨询和讲座，帮助村镇居民办理转账、开卡、投资等业务，延伸普惠金融的服务半径。

第二节　优化治理结构，建立科学的管理体系

实践证明，股权结构和公司治理是决定村镇银行运行绩效的核心因素。村镇银行应进一步优化股权结构、完善公司治理、加强内部控制，建立起决策、执行和监督相互制衡、相互促进的法人治理结构。

一、优化股权结构

首先，要保持合理的资本规模。对于村镇银行而言，发起资本并非越多越好。资本对经营而言是把"双刃剑"，资本过小不利于正常的业务运营，资本过大则对利润和分红形成压力。对于社会效果而言也具有两面性，资本过小则防范化解风险的能力差，资本过大则易偏离小额、分散的轨道，有违扶持"三农"和小微企业的初衷。因此，村镇银行的资本规模要与当地经济发展水平相适应、与主发起行的经营能力相协调、与村镇银行的发展阶段相匹配。应当逐步增资，形成业务发展、盈利提升、资本增加的良性循环。

其次，从股权约束的角度看，一个合理的公司股权结构应该既避免股权过度集中又避免股权过度分散。股权过度集中则内控不足，难以形成股权制衡。大股东和经营者易联合形成"内部人"控制，损害小股东的利益，从而影响公司治理效率。股权过度分散，易造成股权约束弱化，使公司的控制权掌握在经营者手中，造成更为严重的代理问题，从而影响公司治理

效果。因此，在股权比例的设置上，既要避免股权结构单一化，提高发起人的资金使用效率，又要保证金融机构对村镇银行的控股地位。虽然监管部门降低了作为发起人的银行业金融机构的最低入股比例，但是如果民营资本在股权比例上占据优势，民营资本的逐利性、短期行为将不可避免地显现出来，这将加大金融风险，增加监管的成本和难度，也会造成贷款脱农化，不能使广大的"三农"真正受益。而且从某种程度上看，金融机构控股的地位暗含着风险担保的责任（赵志刚、巴曙松，2011），短期内不宜改变。但是，主发起行的股权占比并非越大越好，主发起行股权占比过大，民间资本的空间就小了。应逐步放宽非金融机构单一股东持有村镇银行股份不高于10%的要求，最大限度地撬动民间资本投资，通过主发起行的杠杆作用，吸引民间资本投向村镇银行，引导民间借贷向正规金融靠拢，结合当地产业特征，形成产业互动、产业升级的效果，既规避风险，又搭建良好的合作平台①。不同股权结构对公司治理有效性的影响如表6－1所示。

表6－1　不同股权结构对公司治理有效性的影响

治理机制	高度集中 有绝对控股股东	高度分散 不存在大股东	一定的集中度 有相对控股股东
激励机制	强	弱	一般
监督机制	一般	弱	强
外部接管市场	弱	强	一般
代理权竞争	弱	强	强

资料来源：OECD。

为充分调动民营资本的积极性，应在村镇银行进入成熟发展阶段后，鼓励部分村镇银行在自愿、合法的基础上，推行主发起行的退出政策，经监管部门审核，让资质较好、经营管理能力较强、金融服务经验丰富的民营资本取得控股权利，形成改革的试点。在此之前，应推动民营资本适度放大股权比例，特别是对发起行持股超过60%的村镇银行，可逐个制订调

---

① 吴少新（2012）的抽样调查显示，不同股权结构的村镇银行绩效差距较大，一般来讲，有自然人和其他机构法人股东的村镇银行绩效好于无其他股东的村镇银行。

整股权比例计划，积极引进当地优质涉农企业、种植养殖大户，促进发起银行股份减持，避免村镇银行被发起行完全操纵，利用多个股东之间的相互制衡遏制关联交易，防止村镇银行成为发起行的"分支机构"。可逐步将若干民营资本股东的持股比例提高到相对控股的限度，切实消除以往因股权高度分散而造成的"内部人"控制问题，降低经营者的道德风险，有效保护中小股东的利益。民营资本取得控股权利可采取要约收购或协议收购的方式，同时向监管部门提出申请，① 说明股权转让的目的、对象、方式和条件、定价及其他具体安排，待监管部门审批后方能实施。

在发起对象的选择上，一是作为草根银行的村镇银行应当扩大自然人持股比例，平衡股权关系。就发起人以外股东而言，目前村镇银行自然人总持股比例普遍小于企业法人总持股比例。自然人股东通常会比法人股东更关心自身的投资收益，愿意付出更大的精力来维护自己在股东大会的权利；自然人股东来自民间，对社会底层有天然的亲切感，这种亲切感是双向的，有利于银行通过与当地借款者的互动获得软信息解决信息不对称的问题。为此，在自愿的基础上，可吸纳一定比例熟悉当地情况的自然人股东，鼓励村镇银行的高管和内部员工入股，使经营者收入与资本利得挂钩，增强激励与约束。效法孟加拉乡村银行，鼓励借款人存款达到一定金额入股，使村镇银行与当地借款者形成利益共同体，在长期的业务互动中相互监督。股东不能退股，但可在社区内自由转让股权，以提高新增股本金的稳定性。二是优选具有长期投资信念、经营管理稳健、在当地影响较大、信誉较好的民营企业投资入股，形成有效的公司治理架构，促使村镇银行能够快速地融入当地市场。但应在管理体制上杜绝民营企业股东的关联交易和"内部人"控制行为，防范村镇银行沦为人人意欲分羹的"唐僧肉"，引致内部治理"裙带化"。三是吸引非营利性组织等其他主体参股村镇银行。《村镇银行管理暂行规定》限定村镇银行只能由"境内外金融机构、境内非金融机构企业法人、境内自然人"出资设立，对于非营利性组织等其他主体参股村镇银行没有进行规定。② 与企业的运行理念不同，国际开发组织、慈善组织和非政府组织等非营利性组织相对更加注重社会效益，由其

---

① 出让股权属于国有资产的，还必须走国有资产评估、备案、批准的流程。
② 如格莱珉信托已经在中国开展了 16 个项目，为 5.35 万人提供了近 163 万元的贷款，但受法律限制，无法作为发起人参与村镇银行建设。

参股的村镇银行的信用贷款发放可能更多地覆盖一般农村金融机构不愿涉及的农村弱势客户群体，促进村镇银行服务"三农"宗旨的实现。为此，在防范风险的前提下，应本着股权结构多元化的理念，允许国际开发组织、慈善组织等非营利性组织以及其他主体参股村镇银行，促进产权合理配置，提高村镇银行的资本实力。四是可试行由一些发展较好的小额贷款公司作为主发起人、银行业金融机构作为股东的发起模式，促进部分小额贷款公司转制。①

二、完善公司治理

要在构建多元化股权结构的基础上，健全公司治理架构，完善治理机制。按照"股东参与、简化形式、运行科学"的原则，督促村镇银行建立市场导向、职责明确、制衡有效的公司治理模式。首先，要将整合"钱"和整合"人"相结合。股权制度是整合"钱"，董事和高管制度是整合"人"，要将二者有机结合起来，遵循简明灵活模式，着重通过完善激励和约束机制降低代理成本和监督成本，建立与其规模和经营决策相适应的公司治理结构和机制，明确股东大会、董事会、高管层的工作程序和议事规则。村镇银行可建立"小而精"的董事会决策机构和议事规则，法人单位选派懂金融、善管理的管理人员参加董事会，注重吸收具备良好公司治理结构和优秀市场经营理念的机构投资者代表进入董事会，以此优化董事会的人员构成，增强董事会的决策能力。董事会董事结构对应股权结构，决定公司的经营计划和风险控制策略，选聘熟知、精通农村金融业务的高级管理层，充分保障高级管理层的权利职责和独立经营，确保各项业务经营及日常管理不受干扰、顺利开展。要建立董事会授权下的行长负责制，形成完善的财产"委托—代理"关系，实现所有权与控制权、董事会与经理层的严格分离，以有效遏制委托代理方的机会主义行为。同时，应由利益

---

① 《中国银行业监督管理委员会　中国人民银行关于小额贷款公司试点的指导意见》规定："小额贷款公司依法合规经营，没有不良信用记录的，可在股东自愿的基础上改造为村镇银行。"但在实际中，这种转制却面临两难困境，目前小额贷款公司几乎全部为民间资本，但根据《村镇银行管理暂行规定》，村镇银行必须由银行业金融机构控股或者全资经营，这意味着，小额贷款公司如果转制为村镇银行，股东就必须拱手出让控股权，对于那些希望从实业资本转向金融资本的民营企业家而言，这是一种两难的选择。

相关者组成的监督部门或利益相关者派驻的专职人员行使监督检查职责。①虽然村镇银行的公司治理模式简单，但股东较少且相对集中，股东权力执行到位，有利于强化决策过程的控制与管理，缩短决策链条，提高决策和经营效率。

其次，应将治理结构与发起行的管理模式有机结合。从山东各家村镇银行的经营实践来看，发起行的管理模式决定了村镇银行的治理结构和管理文化。其中，分支式的管理模式最易抑制村镇银行的发展活力，而相对于发起行高度管制的管理模式，股权结构激励相容、"本土化"做得更好的村镇银行更能在农村地区发挥潜能，灵活地支农、支小。因此，监管部门应对那种单纯响应政策号召、缺乏长远发展规划、视村镇银行为县域新设分支的发起行为审慎准入；制定针对各种发起和管理模式的村镇银行公司治理指引，引导村镇银行建立适合自身、能够发挥一级法人优势的经营管理体制。同时，经济发展程度不同的地区、治理结构和经营管理能力不同的发起行应推行不同的管理模式。例如，中小商业银行可采取共管式与民营资本联合在乡镇组建资本集约的村镇银行，专注社区经营；也可采取总分行模式在一个地区内集中发起设立村镇银行，建立覆盖一定区域的局域网，突破单一村镇银行服务的"金融孤岛"，强化整体风险防控和服务能力。大型银行可集团化经营村镇银行，如采取中银富登村镇银行的管理模式，统一规划品牌、IT、银行卡和网络，推行并表监管、联动合作，实现规模效应，但应该避免对村镇银行"本土化"经营的过度干涉管理。对于拟在全国范围发起村镇银行数量达到 10 家以上的主发起行，应尽快搭建村镇银行管理总部。村镇银行管理总部搭建以后，将从节约管理成本、提高效率角度出发，整合资源，发挥统筹管理的作用。其功能定位为服务、指导、监督、协调。"服务"指统筹办理准入事项；协助人员招聘工作，资金调剂工作；整合资源做好基础建设，包括 VI、SI 等形象建设；组织制度流程建设。"指导"指对村镇银行核心理念、发展战略、文化创建和管理架构进行指导。"监督"指通过现场检查、非现场监测及派驻人员等方式对村镇银行日常经营管理进行监督，及时披露信息和问题。"协调"指就业务准入、政

---

① 可选定重要债权人作为村镇银行的利益相关者。如前论述，村镇银行作为新生事物信誉积累不够，客户认同度低，导致吸收存款相对困难，因而有效保护债权人利益对于村镇银行可持续发展尤为重要。

策支持、配套资源等事项与股东、发起行、地方政府、监管机构等方面的协调。村镇银行管理总部也应秉持"到位不越位"的管理理念，实施科学的授权管理和经营放权，积极推行"本土化"策略，充分调动当地经营管理者的自主性和积极性。

最后，要监管引领公司治理。监管部门对股东资质的后续审查要加强，对董事和高管资格要严格准入。要制定村镇银行公司治理结构评估体系，并以此作为标准对村镇银行的公司治理做出综合评价。进一步加大对董事、监事和高管层履职行为的监管力度，建立动态履职评价和问责制，对长期脱岗、不尽职以及履职不规范的，及时采取监管措施。鼓励支持村镇银行在《中华人民共和国公司法》等相关法律法规的框架下进行公司治理结构创新，并做好后续的监管工作，促进公司治理结构的持续优化。

三、加强内部控制

村镇银行应建立健全各项规章制度，加强内部控制和风险薄弱环节的纠正与完善，全面构建风险防范的长效机制。一是加强各项制度建设。既要考虑各项规章制度能够涵盖经营管理监督的各个层面、各个环节，以制度规范业务操作、以制度约束业务操作、以制度监督各项经营行为，又要针对经营管理中的新情况、新问题，对借鉴移植过来的规章制度进行整合与完善，实现本土化。二是实施风险全流程管理，探索建立涵盖信用、市场、操作风险等的全面风险管理框架。实行严格的授权授信制度，规范贷款审批流程和贷后管理程序，及时监控资金动向、资产负债情况以及各项财务指标的变动，加强杠杆率、流动性管理，着力提高资本充足率、贷款损失准备水平，达到风险准备全覆盖。三是加大监督检查，强化稽核审计力度，高度关注风险隐患和薄弱环节，突出对重点部门、重点环节、重要岗位、重点时段的监督和再监督。大部分村镇银行机构设置精简，稽核审计力量相对薄弱，发起行应在稽核审计方面给予更多的支持，从事后、静态的监督向事前、事中、事后相结合的动态的、系统的监督方向发展，鼓励有条件的村镇银行开展外部审计。四是建立以经济资本为核心的业绩考核体系，通过预算管理、绩效考核、风险评估、产品设计、流程控制等内部管理渠道渗透资本约束原则，从根本上改变追求短期效益、忽略风险的粗放式经营模式。五是完善问责制度。村镇银行刚进入农村，业务规模亟待扩张，各项经营行为要严格规范，实行严格问责制，做到违规必究、违规必处，确保依法合规经营。

第三节　创新经营模式，提升差异化竞争能力

现代经济是一个"模式时代"，而不是"产品时代"。拥有成功的经营模式，才能突破产品本身的局限，让村镇银行步入无限发展之道。世界银行在《2003年世界发展报告》中指出，根据许多国家以往的经验，商业化才是最有可能在可持续的前提下，为大多数农村人口提供金融服务的途径。① 因此，应引导村镇银行实施灵活的"商业化"、"本土化"和"创新化"经营模式，创新经营管理和产品服务，探索专业化的支农、支小手段，推出个性化、包容性的产品服务体系，完善、壮大普惠金融体系。

一、适应小额信贷特点，推行更为灵活的信贷方式

杜晓山提出："还贷率的高低不在于贷给穷人或富人，而在于机构管理水平的高低和制度执行者的差别。"② 村镇银行信贷风险的控制关键在于机制的设计。借鉴前述其他国家村镇银行的成功经验，村镇银行可充分利用自身本地化优势③，依靠村镇银行员工面对面的走访、勘查，搜索和积累人格化、碎片化和社区内部化的"软信息"；探索建立农村信用评级的基本方法和标准，简化授信条件和办理程序，如一些村镇银行建立了贷款服务中心（乡、镇）—金融服务站（村）—农民贷款小组（5~10人自愿组成）的信贷服务模式；通过农户之间的互相合作与联保，降低信息获取成本、

---

① 世界银行：《2003年世界发展报告》，中国财政经济出版社2003年版。
② 转引自李蔼丹：《杜晓山：中国的"穷人银行家"》，《中华儿女》2008年第3期。
③ 实践中，很多村镇银行推行员工本地化，并聘用当地的村干部或德高望重的村民参与农户信用评定、信息采集和信贷催收工作。

建立可置信威胁，减少信用风险①；建立促进按时还款的奖惩机制，如学习印度尼西亚乡村信贷部的小组存款冻结、按期还款的滚动再贷、农户小组奖励等。

与银行等正规机构相比，非正规金融组织往往具备甄别借款人还款能力与还款意愿的信息优势，借助社区内伦理规则的惩戒优势，利用重复博弈和关联契约的监督优势、乡土社会文化的"嵌入"优势等，这些优势看起来难以企及，但却为村镇银行在农村市场的经营转型和机制创新提供了启示和方向②。事实也证明，非正规金融制度的内部优势并非不可移植，玻利维亚银行等拉美正规商业金融机构正是吸纳了非正规金融的比较优势，融合了诸多非正规金融的运营模式和信贷机制，并坚持了商业化运作的方向，其服务半径已经由乡镇扩展到县域、城区，由农户延伸到微型、中小企业。此外，正规商业金融与非正规组织的分工合作也是一种有益的探索，如在印度尼西亚，银行与非正规金融机构和自助小组合作，建立了"联系银行制度"（Linkage Program），将银行和专业化农户、小企业团体通过自助促进机构（一般为非政府组织）这一中介联系起来。到 2000 年，这一联系银行制度已在 23 个省的 1161 个银行分支机构中运行，212 个非政府组织和25364 个自助团体参与进来，客户总数达 480168 个，贷款额为 1224 亿印尼盾，贷款偿还率超过了 96%。

可见，依托农村社会的传统关系网络，村镇银行只要合理引入契合"熟人经济"规律的信贷模式和经营组织，利用农村圈层社会的非正规制度和非正规的信誉机制对借款客户形成约束，就能更好地在"弱有效"的农村金融市场上谋得盈利空间。以"小组＋中心＋银行工作人员"的联合贷款模式为例，该模式考虑信息和社区传统在契约实施中的重要作用，引入了社区制裁机制（Community Sanction）作为担保和抵押的替代，将社区信

---

① 联保贷款模式可以解决村镇银行在贷款中存在的信息不对称和抵押方式有限的问题，但联保贷款的有效运作依赖很多条件，如成员之间有比较密切的沟通关系、具有相似的贷款需求、具有一定的声誉约束等，银行人员要实时关注联保对象的信息，否则的话容易出现联保小组人员内部代偿责任界定分歧，一人不还整个小组违约；垒大户、多户贷一户用、联而不保等风险。

② 非正规金融市场内生的一些"土方法"和"笨招式"有效地解决了农村金融交易的质量问题，如广东、福建等地长期盛行的"标会"，一般由"会首"召集同乡和亲朋作为"会脚"，每个"会脚"（既是存款人又是贷款人）缴纳"会钱"，由投标或抓阄决定"会钱"归谁使用，"标会"规定循环期限和利率，定期组织投标，如发生"会脚"赖账或携款潜逃事件，剩余"会钱"由"会首"支付。

用纳入信用体系，融合了非正规制度的风险分担机制，有效降低了银行与农村借款者之间因为信息不对称导致的逆向选择和道德风险问题，有效地打破了因信用风险引致的融资约束。还有的村镇银行运用村委会和村里的贤达人士①，组成村级的金融服务站，负责搜集关于贷款申请者的各种软信息，并对贷款农户进行跟踪调查和监督，形成了村镇银行"嵌入"乡土社会资源的延伸性贷款机制（王曙光等，2013）。

二、强制贷款者储蓄或投资：孟加拉格莱珉银行的借鉴

村镇银行普遍面临资金来源的问题，而孟加拉格莱珉银行的强制储蓄机制在解决资金约束方面的经验值得学习。孟加拉格莱珉银行要求每个借款人开设个人账户、特别账户和养老账户，对于所获贷款，按照贷款额的5%扣除并存入其个人账户（2.5%的强制扣款存入可供支取的个人储蓄账户，另2.5%存入特别储蓄账户，该账户资金在3年内不能支取）。在第二代格莱珉银行中还引入了养老金储蓄计划，所有贷款超过8000塔卡②的借款人每月必须向养老金存款账户存入至少50塔卡，期限5年或10年。5年期存款利率达到10%，10年期利率达到12%，如果未能按月支付达4个月以上，该账户即转为普通账户，利率降为8.5%。强制性的储蓄制度有利于促进孟加拉格莱珉银行的储蓄增长，同时帮助借款人加强现金流管理，降低了借款人的财务风险。

在我国村镇银行发展过程中，可以考虑对孟加拉格莱珉银行的强制储蓄机制予以移植，即借款人向村镇银行贷款，必须将贷款额的一定比例强制存储，同时要求贷款额超过一定比例的借款人固定期限存入一定的金额，还可以采用对贷款人存款折算积分冲减贷款利息的方法提高资金留行率③。这将在一定程度上增加村镇银行的资金来源，也有助于缓解当下农村贷款担保机制的限制"瓶颈"。对于储蓄额度较大的客户，可以进一步给予优惠条件转变为村镇银行的股东，股份达到一定比例进入董事会，代表和保障存款人的利益，完善村镇银行的治理结构。

---

① 可以将这部分人员吸纳为准员工，或提供与业绩挂钩的激励，形成利益共同体。

② 2004年6月，1孟加拉塔卡约合人民币0.08元。

③ 深圳很多村镇银行明确要求存款达到5万元以上才能办理信贷业务并根据存款金额享受贷款优惠利率。

三、充分发挥村组织及农村合作组织的作用，实现联动经营

农村金融市场中较受欢迎的产品创新，基本上都含有合作性元素，因此建立一种政府引导、社区支持、企业联动、农户协作的多方合作机制，是激发农村金融内生性的基本路径（陈雨露、马勇，2010）。一是以农村的亲朋好友和邻里之间的人情关系作为农户借贷的信用基础，使借贷双方的信息完全对称，最大限度地降低交易成本；二是把农村社会关系网络作为监督体系有利于保证借贷资金的安全性；三是充分发挥村组织和农村合作经济组织"精英"的作用；四是把农户的利益捆绑在一起，在享受资金余缺互补的同时享受到投资回报，让村级组织和农村合作经济组织群体自己经营、管理，可以较大地降低信用风险。当前，国内很多商业金融机构已经开始通过与农村合作经济组织、涉农行业协会、政府机构等的合作来动员社区内部信息，强化对农户的激励约束机制。如在陕西、云南、广西、四川等地区，"政府 + 银行 + 农民专业合作社（行业协会）"等三线运作模式已经日臻成熟，其中，当地政府一般负责政策、计划制定，组织协调与监督指导；银行等负责资金来源，贷款的调度、审批、发放和回收管理，并在地、县、乡设置信贷组；合作社等负责确定贷款对象、选择扶持项目、提供配套服务、协助银行收贷收息等。这种模式使银行直接与中介机构建立联系，节约了为农户提供信贷的零散性管理成本；中介组织利用社区信息优势，组建农户小组、中心等，加强了与农户的监督和互动。

四、组织以产业链为基础的集群管理关系，促进农业产业化发展

村镇银行应与农业企业、农民专业合作社、行业协会、产品购销方、农户等之间形成一种利益共享、风险共担的利益共同体，通过"公司 + 农户"、"中介组织 + 农户"、"专业市场 + 公司 + 合作社 + 农户"等产业链金融服务模式，一方面，加大对各类农村经济组织的金融支持，降低和分散农业生产过程的交易风险和交易费用，增强农户参与社会分工的自生能力，增进迂回生产和分工深化水平；另一方面，村镇银行将产业链中相关主体的账户整合到本行、分支行或者协议行，使信贷资金在产业链流转过程中

处于全程可监控状态，既完善整个产业链的利益衔接和运转效率，又规范资金的封闭式动态管控，实现生产联合、信用联合和利益联合的有机结合。如在产业链贷款模式中，村镇银行将贷款（联保贷款）发放给农民专业合作社中的社员，农民专业合作社将贷款化零为整统一使用，统一购买农资，统一田间管理，统一质量认证，统一品牌，最后统一销售给企业（事先签订收购合同），企业的购货款将直接划入村镇银行的封闭贷款管理专户，由村镇银行在扣收贷款本金和利息后将获利部分划入农民专业合作社账户，再由农民专业合作社根据每个农户的实际工作情况进行分配。该模式通过农民专业合作社整体运用资金（单个农户并不动用现金），避免了农户拿到现金后的道德风险问题；在一个资金循环前，企业将购货款直接划入村镇银行的专户，村镇银行先扣除本息，再将获利部分划入农民专业合作社，避免了专业合作社的履约风险；村镇银行通过将产业链内每一个主体的账户进行整合，使得贷款资金在整个产业链中流转的全过程都处于可监控状态，有效降低了信用风险。

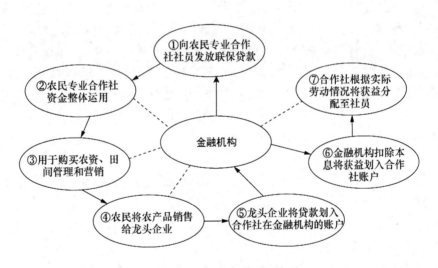

图6-1 农业产业链贷款流程

村镇银行还可以与发起行协同为同一产业链上的不同主体提供信贷支持，由发起行为农产品收购企业提供融资，在农产品收购企业担保的情况下，村镇银行为生产性企业、专业化农户及农资供给企业提供配套资金支持，具体如四川仪陇惠民村镇银行的"三位一体"运作模式等。[1] 北京大学农村金融调研组（王曙光，2012）根据实际调查，提出了大型农村金融机构、村镇银行等微型金融机构、有贷款需求农户、农业龙头企业、担保公司和地方政府相互配合的农村金融服务框架。在这一框架中，涉农的大型金融机构，如农业银行、农业发展银行等，不再主要为大量的小农户提供小额信贷服务，而是发挥比较优势，通过向村镇银行等微型金融机构提供批发贷款而把业务半径辐射到农户，同时大型金融机构也可以直接向贷款需求几百万元以上的农业大户、农业龙头企业、农民专业合作组织等进行信贷服务。这样，大型金融机构能够帮助那些植根乡土的村镇银行等微型金融机构，为这些更了解农村社会、具有信息优势而无资金优势的微型金融机构提供支持。村镇银行等更加贴近农户，更加了解客户需求和实际状况，从大型金融机构中获得批发贷款后，专注于农户小额信贷。农业龙头企业、农业大户、农民专业合作社与农户之间形成了产业合作关系，实现产业发展与农民增收。各类担保公司根据宏观政策和产业政策的需要，为不同类型的机构、组织和农户提供政策性担保或商业性担保，同时进行不同类型的补贴。这样，农村金融的各相关主体将形成大、中、小结合，既有分工又有合作的普惠型农村金融体系，更好地服务于"三农"经济转型。农村金融产业链集群管理模式如图 6 - 2 所示。

五、融合互联网金融，提升小微客户细分与深挖能力

互联网金融是互联网和金融融合而成的一种新的金融业态，其优势在于批量化、标准化的服务金融"长尾市场"（也称为"利基市场"），解决了传统金融满足不了的一些金融需求，使得众多小微商户、个人享受到了更

---

① "三位一体"的运作模式，即四川仪陇惠民村镇银行的发起行南充市商业银行、惠民村镇银行、惠民贷款公司三方合作，在仪陇县形成分层次、多样化的银行服务链：一是南充市商业银行与村镇银行、贷款公司一道共同提供大额、中长期信贷资金，解决村镇银行、贷款公司无法单独满足的农产品收购企业、龙头企业、种养大户以及个体工商户的大额信贷资金需求。二是南充市商业银行与村镇银行、贷款公司一道，为同一产业链上的不同主体提供信贷支持。南充市商业银行为农产品收购企业提供融资，在农产品收购企业担保的情况下，村镇银行、贷款公司为生产性农业企业、专业户、种养大户及农资供给企业提供信贷资金支持。这种运作模式有效整合了多方金融资源，提高了农村金融的覆盖面和穿透力。

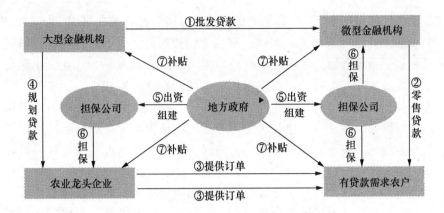

图6-2　农村金融产业链集群管理模式

便捷、高效的金融服务，其精神实质与普惠金融相契合，随着其渠道、产品、模式的不断创新，必将助推人人参与的普惠金融体系的搭建。

互联网金融对以小微企业和广大个人客户为主体对象的村镇银行构成了冲击。大数据、云计算提供了收集和分析客户交易信息的技术手段；可以深入挖掘客户行为目标、诚信度、风险偏好等，提高定价和风控效率，商业银行等中介机构可以借此拓展传统金融模式下难以覆盖到的小微企业、个人客户、"三农"客户。以阿里小贷为例，截至2013年底，阿里小贷已服务了60多万家小微企业，累计发放贷款1500亿元，户均贷款4万元，不良贷款率仅为0.87%。阿里小贷根据小企业的信用记录、交易情况、投诉纠纷等百余项指标，引入网络数据模型和在线视频资信调查模式，通过信息技术进行整合评估，产生贷款决策的标准。同时，组建贷款组合，以最大限度分散风险。阿里小贷贷款流程简便，显著地降低了小型特别是微型企业授信的运营成本，使得户均贷款万元左右的微型客户获得贷款成为可能。

科技是第一生产力。村镇银行不能因为身处县域就固守传统的经营模式，相反，其现代化变革是促进可持续发展的不竭动力。诺贝尔经济学奖获得者、美国耶鲁大学金融学教授希勒指出，"金融体系是一项新发明，而塑造这种体系的过程远远没有结束。只有细致入微地引导其发展，才能将其成功地引入未来，在这个过程中，重要的是对金融体系进行扩大化、人性化和民主化的改造"。[1] 迈入互联网金融时代，村镇银行的发展必须迎接

---

① 罗伯特·希勒：《金融与好的社会》，中信出版社2012年版。

和适应这种改变，并利用互联网技术抢抓新的机遇：一是业务经营逐步由线下向线上迁移和拓展，借助经济社会网络、农业产业化链条，融入各种商业生态，提供金融增值服务。二是利用开放技术平台和流程模块调用，逐步走向流程运行的智能化，共享云平台上先进的制度、信息和系统资源，解决村镇银行"小而全"的系统开发难题。瑞士的 Temenos 公司结合云计算技术，已经开发了专门针对微型金融机构的 T24 for MCB 系统，将服务架构在云端，使用者只要使用浏览器，就可以完成微金融的大部分业务操作（沈颢，2012），该系统已经在 50 个国家超过 100 个微型金融机构中使用。村镇银行应基于开放共享的信息集成平台和挖掘分析工具，促进资源的优化配置、风险的集中管控和价值的深度挖掘。三是基于云计算的业务模式创新促进客户信息的高效聚合与分享，更加深入地挖掘并预测客户的潜在需求和风险偏好，实现客户的分类营销和客户风险管理的精细化，以更低的成本管理数量众多的"三农"和小微客户。四是以客户体验为中心，优化基础功能和业务流程，推动中后台交易处理流程改造，支持客户全天候交易，延伸村镇银行服务的时间与范围。扩充网银和手机银行功能，实现大众化、标准化的银行理财、保险、基金、信托等金融产品和日常消费品一体化销售。

第四节　加大政策支持，营造良好的农村金融生态

孟加拉等村镇银行体系建设的成功经验说明，健全的法制环境、发达的社会信用制度、保护性的银行监管制度和存款保险制度等是村镇银行赖以生存和发展的重要制度环境。政府部门应遵循"因地制宜，稳步推进"的原则推动村镇银行建设，实施"多予、少取、放活"的配套货币、财税及监管政策支持，创造有利的市场环境和金融生态。

一、拓宽资金来源渠道，鼓励涉农资金投入

一是实行差别化的支农再贷款政策。对中西部贫困地区及支农业绩突

出的村镇银行，人民银行加大支农再贷款支持，缓解村镇银行的资金压力，鼓励其增强涉农贷款投放力度。二是明确村镇银行在全国银行间同业拆借市场的资格，增加其主动负债和资金补充渠道。三是坚持实行差别存款准备金政策，对村镇银行在县域内吸收的存款，比照农信社等缴纳存款准备金，增强其支农资金实力。① 四是各级地方政府应给予村镇银行财力、物力上的支持，鼓励县以下单位的各类涉农资金、财政资金等存入村镇银行，解决村镇银行开业前期储源供给不足的问题。五是可借鉴美国《社区再投资法》等的要求，对所有银行机构提出必须向县域特别是中低收入人群提供一定比例信贷支持的监管要求②，如果该银行机构在农村区域没有分支机构或不宜直接放款，可将其对村镇银行等的批发贷款视同监管指标完成。这种社区再投资体制的建立，将促进大中型金融机构向村镇银行等新型农村金融机构批发资金，然后由村镇银行等零售资金给农户和小微企业，以保障银行业面向"三农"的信贷投放规模和质量。

二、畅通村镇银行网络渠道，提高金融服务效率

一是创新金融服务渠道模式，扩大村镇银行服务半径。鼓励村镇银行采取多种方式就地媒介资金、提供服务，如设立物理机构和离行式自助银行、构建简易小微网点、签订代理协议、推行流动服务。以村镇银行营业网点为主要节点，探索建立农村自助店、便利店和流动店等特色服务渠道，加大自助机具和网上银行部署，切实解决村镇银行渠道有限的困境，尽可能为广大农村地区客户提供优质、安全、便捷的金融服务。二是深化与发起行或同业之间在支付结算、风险管理和反洗钱技术系统等方面的合作，积极从大中型银行借鉴和引进成熟的技术、系统，有序推进核心业务系统等基础设施建设，尽快加入大小额支付系统、征信管理系统和反洗钱监测系统。三是加强与支付清算组织和技术服务商的合作，拓宽村镇银行网络渠道，结合互联网金融的普及，提升村镇银行金融服务的电子化水平，避

---

① 准备金缴存比率应根据地区、村镇银行经营状况分类设定。

② 美国的《社区再投资法》要求参加联邦存款保险体系的所有银行机构必须为其所在的社区提供信贷支持，而且其中一部分必须贷给社区中的中低收入人群（含向高收入者在贫困地区置业提供的信贷支持），而且明确规定金融机构有义务采取持续和积极的步骤以满足当地社区的信用需求，该项法案落实到对银行机构的贷款考核、投资考核和服务考核等各个方面。

免村镇银行成为脱离现代金融支付体系之外的"孤岛"。借助银行卡跨行转接清算系统、农信银资金清算中心、第三方支付服务机构支付清算网络等，畅通村镇银行支付结算渠道。村镇银行可和发起行等金融机构合作加入银联网络，解决跨区结算问题；依托合作银行的信息系统和托管服务系统开展个人网上银行业务；积极推动村镇银行与电信运营商合作开办手机银行业务，大力推动手机支付业务在农村的推广使用，形成成本可控、保障安全、方便客户的社区金融电子服务模式。

三、完善政策扶持体系，改善基础金融服务环境

一是政府在财政、税收优惠政策方面给予村镇银行更多的倾斜。在现有优惠政策基础上，根据村镇银行涉农贷款比重不同，实施差别化的税收减免政策和补贴政策，鼓励涉农业务的开展；对于贷款利率低于一定水平的村镇银行在成立最初 5 年，可在现行补贴（当年贷款余额 2%）的基础上上调补贴标准，用以鼓励微利信贷业务的开展；在现行税收优惠的基础上适当扩大减、免税范围，加大减税力度，如允许税前适当计提坏账准备，适当延长村镇银行营业税、所得税免税期，也可比照信用社享受 2% 的营业税减免优惠政策后，其余 3% 的营业税及附加采取"先征后返"方式，由省财政返回给村镇银行，其返还部分作为风险防范基金，使村镇银行资本积累稳步递增；为鼓励在村镇行政区域设立村镇银行，应对免税期已过的设立在不同级别行政区域的村镇银行实行差别税率政策以及有差别的准备金扣除制度。二是创新农村担保抵押机制。学习先进国家经验，建立农户和农村小企业融资担保基金，担保基金可来源于财政扶贫贴息资金，也可以实行会员制管理，以民间资金为主体，实行民有民营，强化村镇银行的信用风险保障，并可利用担保基金触发社会网络、道德规范、声誉机制等对失信行为的约束和惩戒[①]。探索建立符合实际的担保机制，扩大农村抵押担保品范围；配合农村土地流转改革，深入开展农村土地承包经营权抵押，建立公开透明的农村土地使用权、林地使用权、湖泊、牧场及其他不动产、农业设施所有权的价值评估、抵押登记、交易制度。三是创立农业政策保

---

① 日本 90% 以上的农户受惠于信用担保制度，匈牙利、罗马尼亚和爱沙尼亚等国也专门成立了为农村地区经济体服务的农村信用担保基金，缓解了信息不对称导致的农村信贷抑制现象。

险基金。借鉴国际经验，组建农村政策性保险公司，创立政策保险基金，为村镇银行等开办"政策、商业结合型"和"商业型"贷款提供保险服务和补偿业务，规定参加农业保险的农业生产者可以优先获得信贷服务，建立农业保险与农业信贷相结合的机制。四是建立发起行、村镇银行、县域银行同业的兼并重组与资源配置机制。应准许和引导控股银行、村镇银行、本地银行业的业务合作、股权转让和资产转让。积极引导村镇银行在农村的主业经营、兼业代理与多层次的金融合作，开展保险业、证券业、信托业的综合代理，提升村镇银行对"三农"、小微企业与中小企业和社区居民的服务效能。

四、建立存款保险制度，合理分摊清退风险

银行是风险密集型行业，而且银行体系的风险具有超强的传染力，存在局部危机诱发大面积挤兑风潮的可能。为了减轻银行倒闭风险对存款人和社会经济的影响，国际上普遍以存款保险制度来保障金融活动的顺利进行，利用存款保险机制来应对支付危机，构建抵御风险的最后防线。[1] 我国尚未建立存款保险制度，但对于大中型商业银行而言，国家是隐形的最后担保人，能够在金融风险发生时，及时缓解和弥补经济损失和影响。社会公众普遍认为银行"尾大不掉"，使得小银行在市场竞争中普遍面临着公众信心不足问题，处于被动的弱势地位。特别是村镇银行的小微客户对银行的信用风险更加敏感，担心脆弱的村镇银行一旦发生支付危机或经营不善破产引致财产损失，因而谨慎地与村镇银行发生业务联系。村镇银行以有限责任公司的方式存在，以发起人和出资人的资金承受能力来承担金融风险。由于村镇银行普遍规模较小、注册资金较低，如出现重大金融风险或支付危机，应由投资人全权负责。当投资人无力承担风险时，对金融风险的保障机制在现行制度中还没有明确规定，民间背景浓厚的村镇银行也难以依赖国家信用作为支撑的隐形保险机制，特别是同一类型的银行机构很

---

[1] 20 世纪 30 年代以来，尽管美国经历了多次经济衰退和危机，期间也有不少银行倒闭，但由于有存款保险制度，都再未发生挤兑，也未爆发系统性银行危机。

容易受到个别银行危机引发的"多米诺骨牌效应"的冲击①。无论是 20 世纪 90 年代农村合作基金会的倒闭潮还是近期江苏盐城射阳农村商业银行的挤兑风波②都为村镇银行保障机制的缺位敲响了警钟。实际上，村镇银行的优胜劣汰和市场退出本是金融市场竞争的必然产物，适度的清退机制也有利于强化村镇银行科学发展的硬约束，关键是如何解决好伴随村镇银行市场清退而凸显的广大小额存款人利益保护问题。

存款保险制度对存款人提供合理限度的赔偿，投保的村镇银行一旦破产，存款保险机构就可以为储户提供合理额度的存款本息偿还，避免社会震荡和连锁反应，也规避了村镇银行依赖政府救助的道德风险。因此，为了存款人的利益，稳定金融市场，同时增强村镇银行的信用基础，推出存款保险制度十分必要③。存款保险制度使得存款人尤其是小额存款客户免受银行倒闭带来的损失，防止风险在村镇银行间扩散和传染，同时也为经营不佳的村镇银行退出市场提供了清偿机制和约束环境。对村镇银行的发展而言，存款保险制度为其提供与大银行公平竞争的平台，提高公众的资金存放信心，有利于缓解其资金组织压力，并对经营管理形成有效的监督和激励机制。在存款保险制度保障普通存款人和小微企业客户权益的兜底能力较好实现的阶段，村镇银行的发起模式和股权结构可以进一步向民营资本倾斜，甚至建立由民营企业直接发起设立的新型模式，形成主动发起、自主经营、自负盈亏、优胜劣汰的发展局面。

2014 年 11 月 30 日，人民银行就起草的《存款保险条例（征求意见稿）》面向社会公开征求意见，标志着历时 21 年之久的存款保险制度建设终于破题，该《存款保险条例（征求意见稿）》具有以下特点：一是限额赔偿最高 50 万元；二是强制投保，覆盖全部存款机构；三是差别费率，降低存款机构的"道德风险"；四是覆盖面广，50 万元赔付额度可以覆盖99.63% 存款人的全部存款。存款保险制度的建立有利于为村镇银行发展营

---

① 很多村镇银行行长坦言，现在村镇银行设立广泛，管理水平良莠不齐，一旦个别村镇银行因经营不善倒闭及引发支付危机，必将引发客户的恐慌心理，将风险传染扩散到其他具有村镇银行标识的银行机构。

② 因民间借贷和农村金融机构违规经营等问题，2014 年 3 月，江苏盐城射阳县多个乡镇出现网点集中取款现象，后经地方政府和监管部门参与辟谣、调停，才避免了挤兑风险的进一步蔓延和扩大。

③ 美国利率市场化期间持续十多年的银行倒闭潮并未引发经济金融体系的崩溃，与其较为完善的小额存款保险制度保证整体经济的平稳运行有很大关系。

造健康的金融秩序，在具体的实施过程中，应综合考虑村镇银行的风险情况和财务承受能力，合理确定保险费率水平，并结合风险状况动态调整费率，促进村镇银行展开更精细的风险管理和良性的横向竞争。存款保险机构在对村镇银行保险标的进行风险监测的过程中，将村镇银行风险监测结果予以反馈，并在一定的范围内将承保情况公开，也有利于督促村镇银行稳健合规经营，起到辅助性的监督管理作用。

五、落实差异化监管，促进村镇银行可持续发展

短期内加快农村金融市场的开放和发展，而监管制度又长期滞后的话，隐藏在农村金融体系中的风险可能远远超乎想象（陈雨露、马勇，2010）。因此，实施农村金融扶持和鼓励政策应该是鼓励竞争与加强监管相结合，通过审慎监管减少在相对宽松政策导向下可能滋生的各种机会主义行为。我国村镇银行在经营范围、经营对象和地域限制等方面都有其特殊性，必须对村镇银行采取差别化监管政策①，区别于一般商业银行的监管方式、监管内容和监管手段②，促进村镇银行在服务好"三农"的同时合理规避各类风险。

一是建立科学的分级监管体系，将村镇银行主要监管指标进行区分和筛选，科学确立年度、中期、远期防范化解风险工作目标和综合监管目标体系。逐级分解目标，明确各级监管部门对村镇银行的监管事权划分，健全监管流程和机制，加强基层监管能力和一线监管队伍建设。

二是出台村镇银行的审慎监管评价标准，对村镇银行进行风险评级，按等级高低合理配置监管资源。建立严格的信息披露制度，确保投资者、高级管理人员、社会中介、监管部门和中央银行，通过多层次的综合评价和信息挖掘，掌握已经设立的村镇银行的运行情况、治理水平和风险状态。

三是探索适合村镇银行特点的金融风险监管方式与方法，实行灵活监管。结合村镇银行特点设计市场准入、现场检查、非现场监管制度，实现村镇银行的贷款合约简单、信用评估体系简便、金融产品设计灵活。突出

---

① 如制定独立的村镇银行监管评级指引等，各地的监管细则也应因地制宜。
② 既让村镇银行经营风险较大的"三农"业务，又完全用管理工商业贷款和城镇贷款为主的商业银行的方式对其进行监管，必然存在矛盾冲突。

方向监管，明确村镇银行为农村服务的贷款比例，特别是明确对中低收入农户以及农村中小企业贷款的金额、发放笔数、贷款分布和占该机构在本社区贷款总额的比例等，并向全社会公开。如果村镇银行不能够做到服务农村地区，或者服务中低端客户发放小额信贷、支持农村小微企业的比例达不到监管要求，就应当对其采取监管措施。同时，建立对村镇银行支农服务质量的考核体系和涉农贷款的正向激励机制，定期对村镇银行发放支农贷款的情况进行考核评价，将考评结果作为对村镇银行综合评级、行政许可和高管人员履职评价的重要指标。严格资本监管，考虑村镇银行经营的高风险性和抗风险能力不强的特点，应要求执行更高的资本充足率标准，建立资本约束、资本提示、资本纠正和资本补充机制，确保资本充足率在任何时点不低于8%，资产损失准备充足率不低于100%。加强合规性监管，督促村镇银行加强内控管理、规范业务操作行为，将民间借贷、票据业务、柜台业务、大额资金汇划、重要岗位、重点人员等列为合规风险排查重点。切实防范信息科技风险，加强基础设施建设，改善科技设备和系统运行环境，提高系统运行安全系数。对村镇银行自主购买或外包的，尤其是整体外包的，要强化信息科技风险的主体责任。强化对村镇银行负责人的审核考察和行为监测，重点关注和严格审查股东的过度分红和抽逃资本金的情况，严格限制贷款集中度、股东贷款比例和关联企业贷款，杜绝将村镇银行演变为负责人及股东个人的资金运作平台，防止金融案件的发生，确保存放资金的安全。落实流动性监管。由于村镇银行资本金规模小，拆借资金能力有限，应保持比大型银行更高的备付金比率、资产流动性比率，做好资产负债的期限匹配，加强对村镇银行资产负债管理和流动性风险的监测和提示。要督促村镇银行坚持小额、分散的原则，避免贷款投向过度集中；关注负债市场和储户异动，制定流动性风险管理的应急预案，并防范流动性风险在发起行与所设村镇银行之间的传递。抓好信用风险监管。严格授信集中度管理，建立符合实际的信用风险预警系统和信用内部评级体系；将村镇银行尽快纳入信用征集系统，实现银行间信息共享；充分发挥人民银行在农村信用体系建设中的主导作用，完善农村个人和企业信用的信息征集、评估、发布与服务体系，广泛开展企业信用评级和信用乡镇、信用村、信用社区、信用户建设，推动农村信用体系建设，强化对失信企业和个人的道德惩戒、法律约束、行政处罚和经济制裁。同时，因为农村经济的弱质性和自然风险特性，对风险成本计量到位、资本与拨备充足、

"三农"金融服务良好的村镇银行,可适当放宽农村信贷风险容忍度,调低其资本收益率的期望值,在指标考核、拨备和核销等方面实施差别化监管,降低其服务成本。[①]

四是尽快在政策层面明确存贷比考核要求,使村镇银行建立稳定的发展预期。如在确保风险可控的前提下,可以对市场定位良好、符合初衷的村镇银行[②]开业满5年后继续"暂不考核存贷比"或进一步放宽存贷比考核比例。[③]

五是进一步放松对村镇银行的利率管制,开展村镇银行利率市场化试点。允许村镇银行的存款利率在小范围内浮动,增强村镇银行在负债业务市场的竞争力;引导村镇银行从资金成本、业务操作成本、风险补偿、客户资信和实现利润等因素出发,为贷款制定出合理的价格;强化央行和监管部门在利率风险控制上的基础调控作用。

六是加强村镇银行监管联动。合理配置监管资源,发挥整体监管优势,避免重复监管和监管真空,实现系统协调联动;建立由银监部门、人民银行、当地政府和主发起行组成的村镇银行重大风险事件联合处置机制。督促各主发起行所在地银监局强化村镇银行并表管理,定期召开村镇银行联席会议,现场和非现场检查相互配合,实现主发起行监管局与村镇银行属地监管局及各村镇银行属地监管局之间的监管联动,共同把脉风险、会诊问题、共享信息,推动主发起行积极、规范履行大股东责任和义务。

七是建立村镇银行市场退出机制,完善相关法律法规,规范村镇银行的接管、解散、撤销和破产程序。如果村镇银行的不良率和资本充足率等指标低于监管机构规定的标准,就要被兼并收购或破产清算。村镇银行的

---

① 目前,银监会对商业银行的风险容忍度的要求在3%~5%,由于"三农"业务的高风险性,应比其他业务稍高一些。

② 主要为小微企业及农户服务的村镇银行,因其存款派生远少于以大中型公司为主要贷款对象的银行,存贷比一般相对较高,即"户均贷款"与"存贷比"呈现"反相关"关系,"户均贷款"较大者,"存贷比"往往较小,如在浙江32家村镇银行中,存贷比小于100%的10家村镇银行,其中7家的户均贷款超过100万元;而户均贷款小于50万元的4家村镇银行,存贷比均显著超过100%,分别为118%、134%、139%和157%。

③ 如可规定享受放宽监管要求的村镇银行需满足以下条件:第一,资本充足率不低于10%(甚至还可要求再高一点)、不良贷款率(五级分类)不高于3%;第二,主发起行承诺对流动性风险进行"担保"(并且也必须有能力"担保",担保能力建议由省局审核认定);第三,业务定位符合监管要求,如户均贷款小于100万元、涉农贷款占比大于80%、500万元以下贷款占比大于60%等。

退出要有一定的程序，包括预警、初审、终审、听证等阶段，保障按照市场化、法制化的处置手段完成退出。

此外，除了加强基层监管力度及接受社会中介机构的监督外，村镇银行自身要尽快建立金融自律组织，制定同业自律公约，规范和协调同业经营行为，配合监管部门的各项工作。行业自律组织能够有效地进行行业内部的协调和监管，而行业自律规章也可贴近成员单位的实际，在很大程度上细化法律、法规和监管制度的原则性要求（尹晨、凌峰，2013）。可借鉴美国社区银行及日本和韩国农协组织的成功经验，通过行业协会这一综合化的经济组织，将不同规模的村镇银行紧密联系起来，定期召开联席会议，完善有关村镇银行的法律法规，健全村镇银行自律、维权、协调、服务机制[1]；加强培训和宣传推广力度，强化系统性的内控合规管理和业务指引，确保行业的自觉规范行为，提高村镇银行的整体社会信誉；增加与外界沟通和协调，收集整理金融信息，为金融机构的协作牵线搭桥[2]，维护成员的合法权益，集中总结会员单位的意见和建议并向行政管理部门反馈，在一定程度上克服地方政府的行政干预，为业务的开展提供良好的社会环境。同时，行业协会可以为村镇银行建立统一协作的业务平台[3]，共享先进的资金结算等系统，能够实现异地通汇，统一调配系统内资金、降低资金成本、提高资金收益，有利于村镇银行完善经营模式，提高整体抗风险能力。

---

[1] 如四川省银行业协会等已经成立了"银行业协会村镇银行工作委员会"，引导会员单位整合资源、共享信息、联合培训、搭建合作平台。

[2] 如村镇银行吸储难，而邮政储蓄等资金来源丰富，可以组织两者之间的资金拆借，签订合作协议，避免邮政储蓄银行等对农村资金的"虹吸现象"，增加农村金融供给。

[3] 如可搭建云综合服务平台。

参考文献

【美】戈德史密斯：《金融结构与金融发展》，中译本，上海三联书店 1988 年版。

【荷】赫米斯、【荷】伦辛克、余昌淼：《金融发展与经济增长：发展中国家（地区）的理论与经验》，中译本，经济科学出版社 2001 年版。

【美】罗纳德·I. 麦金农：《经济市场化的次序——向市场经济过渡时期的金融控制》，中译本，三联书店、上海人民出版社 1997 年版。

【美】罗伯特·希勒：《金融与好的社会》，中译本，中信出版社 2012 年版。

【日】速水佑次郎、神门善久：《农业经济论》，中译本，中国农业出版社 2003 年版。

世界银行：《2003 年世界发展报告》，中国财政经济出版社 2003 年版。

蔡旺：《设立村镇银行子银行的优劣势分析》，《区域金融研究》2012 年第 7 期。

曹凤岐、夏斌：《村镇银行发展中的风险及对策》，《金融时报》2012 年 5 月 7 日。

陈军、曹远征：《农村金融深化与发展评价》，中国人民大学出版社 2008 年版。

陈明生：《我国城乡产业结构优化研究》，京华出版社 2007 年版。

陈雨露、马勇：《中国农村金融论纲》，中国金融出版社 2010 年版。

陈玟羽：《村镇银行市场定位及其影响因素研究——基于浙江省数据》，浙江工商大学硕士学位论文，2012 年。

常戈：《论破解"三农"问题的正规商业金融路径选择》，中国金融出版社 2011 年版。

程昆、吴倩、储昭东：《略论我国村镇银行市场定位及发展》，《经济问题》2009 年第 2 期。

杜金向：《新型农村金融机构可持续发展研究》，经济日报出版社 2014 年版。

杜晓山：《村镇银行应向中低收入农户倾斜》，《人民日报》2008 年 9 月 5 日。

费孝通：《乡土中国》，北京大学出版社 1998 年版。

冯静生：《我国村镇银行的现状、问题及建议》，《金融教学与研究》2011 年第 3 期。

郭少新：《中国二元经济结构转换的制度分析》，中国农业出版社 2006 年版。

郭兴平：《村镇银行经营管理的现状、问题及对策》，《银行家》2012 年第 3 期。

郭俊：《村镇银行市场定位：独特性与阶段性》，《武汉金融》2008 年第 4 期。

国务院发展研究中心课题组：《2749 个村庄调查》，《农村金融研究》2007 年第 8 期。

国务院发展研究中心课题组：《村镇银行试点的成效、问题与建议》，《中国发展观察》2010 年第 3 期。

韩俊等：《中国农村金融调查》，上海远东出版社 2007 年版。

何德旭、姚战琪：《中国金融服务业的产业关联分析》，《金融研究》2006 年第 4 期。

何广文：《对农村政策金融改革的理性思考》，《农业经济问题》2004 年第 3 期。

何广文：《中国农村金融转型与金融机构多元化》，《农村经济观察》2004 年第 2 期。

何广文、李莉莉：《正规金融机构小额信贷运行机制及其绩效评价》，中国财政经济出版社 2005 年版。

何光辉、杨咸月：《印度小额信贷危机的深层原因及教训》，《经济科学》2011 年第 4 期。

胡金焱、张乐：《非正规金融与小额信贷：一个理论述评》，《金融研究》2004 年第 7 期。

黄宗智：《华北的小农经济与社会变迁》，中华书局 2000 年版。

黄惠春、褚保金：《县域农村金融市场结构与绩效研究》，科学出版社 2012

年版。

黄鹂：《基于供求视角的河南农村金融服务充分性研究》，《金融理论与实践》2008 年第 5 期。

蒋永穆、王学林：《我国农业产业化经营组织发展的阶段划分及其相关措施》，《农业经济导刊》2003 年第 11 期。

李树生、何广文：《中国农村金融创新研究》，中国金融出版社 2008 年版。

李锐、朱喜：《农户金融抑制及其福利损失的计量分析》，《经济研究》2007 年第 2 期。

李木祥等：《中国村镇银行可持续发展机制研究》，中国金融出版社 2013 年版。

李莉莉：《关于村镇银行的制度设计与思考》，《金融理论与实践》2007 年第 2 期。

刘民权：《中国农村金融市场研究》，中国人民大学出版社 2006 年版。

刘荣茂、马林靖：《农户农业生产性投资行为的影响因素分析——以南京市五县区为例的实证研究》，《农业经济问题》2006 年第 12 期。

刘锡良：《中国转型期农村金融体系研究》，中国金融出版社 2006 年版。

刘祚祥：《社区信用与农村金融发展》，中国经济出版社 2012 年版。

陆红军、王兰凤：《中国村镇银行定位与运作》，中国金融出版社 2014 年版。

梁静雅、王修华、杨刚：《农村金融增量改革实施效果研究》，《农业经济问题》2012 年第 3 期。

马永波：《利率市场化与民营银行发展探讨》，《农村金融研究》2013 年第 3 期。

秦汉峰：《村镇银行制度创新、环境约束及其演进》，《武汉金融》2008 年第 5 期。

任常青：《新型农村金融机构——村镇银行、贷款公司和农村资金互助社》，经济科学出版社 2012 年版。

沈颢：《小钱大用，微型金融方法与案例》，二十一世纪出版社 2012 年版。

沈艳：《中国县级正规金融的发展与转型》，北京大学出版社 2011 年版。

苏存、高霞：《印度小额信贷混乱对我国的启示》，《金融时报》2011 年 9 月 5 日。

隋艳颖、夏晓平：《金融资源配置效率与农村金融排斥——基于农户收入分层的视角》，《金融发展研究》2013 年第 5 期。

唐晓旺：《我国村镇银行组织创新的路径探索》，《黑龙江金融》2008 年第
1 期。

王大贤：《村镇银行布局严重失衡经营风险凸显》，中国网，2013 年 1 月 24
日，http：//www. China，com. cn/。

王芳：《中国农村金融需求与农村金融制度：一个理论框架》，《金融研究》
2005 年第 4 期。

王群琳：《中国农村金融制度——缺陷与创新》，经济管理出版社 2006
年版。

王曙光：《农村金融与新农村建设》，华夏出版社 2006 年版。

王曙光：《告别贫困——中国农村金融创新与反贫困》，中国发展出版社
2012 年版。

王曙光等：《普惠金融——中国农村金融重建中的制度创新与法律框架》，
北京大学出版社 2013 年版。

王永龙：《中国农业转型发展的金融支持研究》，中国农业出版社 2004 年版。

王晓青：《我国农村转型期农户小额信贷行为研究》，经济科学出版社 2012
年版。

温铁军：《三农问题与世纪反思》，上海人民出版社 2005 年版。

温州银监局：《分类监管"一行一策"》，《中国村镇银行》2012 年第 7 期。

吴少新、许传华、张国亮、徐慧玲：《中国村镇银行发展的长效机制研究》，
湖北人民出版社 2010 年版。

吴少新：《基于普惠金融体系的中国村镇银行绩效研究》，湖北人民出版社
2012 年版。

吴玉宇：《村镇银行运行存在的问题及对策分析》，《改革与战略》2008 年
第 1 期。

文维虎：《对四川村镇银行发展的回望分析与建议》，《中国村镇银行》2012
年第 6 期。

谢金楼、万解秋：《发展村镇银行增加农村金融供给》，《苏州大学学报》
（哲学社会科学版）2011 年第 8 期。

项俊波：《国际大型涉农金融机构成功之路》，中国金融出版社 2010 年版。

熊德平：《农村金融与农村经济协调发展研究》，社会科学文献出版社 2009
年版。

徐金海：《专业化分工与农业产业组织演进》，社会科学文献出版社 2008
    年版。

徐瑜青：《村镇银行问题调查与研究》，《农村经济》2009 年第 4 期。

徐滇庆：《解放思想、探索开放村镇银行新思路》，《武汉金融》2008 年第
    5 期。

许桂红：《农村社区型金融机构创新及可持续发展问题研究》，经济科学出
    版社 2012 年版。

《银行家》研究中心课题组：《传统农区金融需求与机构布局调研报告》，
    《银行家》2007 年第 2 期。

尹晨、凌峰：《中国村镇银行可持续发展研究》，复旦大学出版社 2013
    年版。

张宏斌：《村镇银行：广阔天地任驰骋》，《金融时报》2012 年 6 月 28 日。

张杰：《解读中国农贷制度》，《金融研究》2004 年第 2 期。

张杰：《农户、国家与中国农贷制度——一个长期视角》，《金融研究》2005
    年第 2 期。

张杰、谢晓雪：《政府的市场增进功能与金融发展的"中国模式"》，《金融
    研究》2008 年第 11 期。

张健：《农村金融供给多元化与金融需求》，《金融研究》2004 年第 4 期。

左晓蕾：《瞩望丽水试点为村镇银行拓展创新空间》，《上海证券报》2012
    年 9 月 12 日。

中国农村金融学会：《中国农村金融改革发展三十年》，中国金融出版社
    2008 年版。

中国人民银行农村金融服务研究小组：《中国农村金融服务报告》，中国金
    融出版社 2013 年版。

中国银监会合作金融机构监管部课题组：《中国农村金融服务与农村金融竞
    争充分性调查》，《中国金融》2007 年第 2 期。

邹力宏、姚滢：《我国村镇银行的市场定位分析》，《金融与经济》2008 年
    第 4 期。

赵志刚、巴曙松：《我国村镇银行的发展困境与政策建议》，《新金融》2011
    年第 1 期。

周逢民：《关于支持小额贷款公司和村镇银行发展的建议》，《小额信贷通
    讯》2010 年第 3 期。

Aleem I. , "Imperfect Information, Screening and the Costs of Informal Lending: A Study of Rural Credit Markets in Pakistan", *World Bank Economic Review*, 1990, 4 (3): 329 – 349.

Banerjee A. V. and Besley T. W. , "The Neighbor's Keeper: The Design of a Credit Cooperative with Theory and a Test", *Quarterly Journal of Economics*, 1994 (109): 225 – 242.

Beck T. , A. Demirguc – Kunt, R. Levine and V. Maksimovic, "Financial Structure and Economic Development: Firm, Industry, and Country Evidence", *World Bank Working Paper*, 2000.

Berger A. N. and Udell G. F. , "Relationship Lending and Lines of Credit in Small Firm Finance", *Journal of Business*, 1995 (68): 351 – 382.

Berger A. N. , Harsan I. and Klapper L. F. , "Further Evidence on the Link between Finance and Growth: An International Analysis of Community Banking and Economic Performance", *Journal of Financial Services Research* (Kluwer Academic Publishers), 2004.

Björn Wellenius, Vivien Foster and Christina Malmberg – Calvo, "Private Provision of Rural Infrastructure Services: Competing for Subsides", *World Bank Policy Research Working Paper*, August, 2004.

Dale Adams and D. H. Graham, "A Critique of Traditional Agricultural Credit Projects and Policies", *The Ohio State University*, 1990.

Fry M. , "In Favour of Financial Liberalization", *Economic Journal*, 1997, 107 (5): 754 – 770.

Greenwood J. and Smith B. D. , "Financial Markets in Development, and the Development of Financial Markets", *Journal of Economic Dynamics and Control*, 1997 (21): 145 – 181.

Jeffrey Poyo and Robin Young, "Commercialization of Microfinance: A Framework for Latin America", *World Bank*, 1999.

Keeton W. , Harvey J. and Willis P. , "The Role of Community Banks in the U. S. Economy", *Federal Reserve Bank of Kansas City Economic Review*, 2003.

Kellee, "Imperfect Substitutes: The Local Political Economy of Informal Finance and Microfinance in Rural and India", *The World Development*, 2004 (32): 1478 – 1507.

King R. and Levine R. , "Finance and Growth: Schumpeter Might Be Right", *Quaterly Journal of Economics*, 1993, 108 (3): 717 – 737.

Liza Valenzula, "Getting the Recipe Right: The Experience and Challenges of Commercial Bank Downscales" in Deborah Drake and Elisabeth Rhyme Bloomfield, *The Commercialization of Microfinance: Balancing Business and Development*, edited by Conn. : Kumarian Press, 2001.

Levonian M. and J. Soller, "Small Bank, Small Loans, Small Business", *Federal Reserve Bank of San Francisco Working Paper*, 1995.

Merton Z. and Bodie Z. , *A Conceptual Framework for Analyzing the Financial Enviroment in the Global Financial System: A Functional Perspective*, Harvard Business School Press, 1995.

Petersen M. A. and Rajan R. G. , "Does Distance still matter? The Information Revolution in Small Business Lending", *Journal of Finance*, 2002 (57): 2533 – 2570.

Rhyne E. , *Mainstreaming Microfinance: How lending to the Poor Began, Grew, and Came of Age in Bolivia*, West Hartford, Connecticut: Kumarian Press, 2004.

Scott E. Hein, Timothy W. Koch and S. Scott Macdonald, "On the Uniqueness of Community Banks, Federal Reserve Bank of Atlanta", *Economic Review First Quarter*, 2005.

Stiglitz Joseph, "Peer Monitoring and Credit Markets", *World Bank Economic Review*, 1990, 4 (3): 351 – 366.

Stiglitz Joseph and Andrew Weiss, "Incentive Effects of Terminations: Applications to the Credit and Labor Markets", *American Economic Review*, 1983, 73 (5): 912 – 927.

Stiglitz Joseph, "Formal and Informal Institutions in Social Capital: A Multifaceted Perspective, Partha Dasgupta & Ismail Serageldin", *the World Bank Washington D. C. *, 2000.

Thomas M. Hoenig, "Community Banks and the Federal Reserve", *Federal Reserve Bank of Kansas City*, March 14, 2003.

Yang X. K. , "Development, Structural Exchange and Urbanization", *Journal of Political Economy*, 1998 (34): 199 – 222.

索　引

后　记

2013 年 12 月召开的中央农村工作会议提出："中国要强，农业必须强；中国要美，农村必须美；中国要富，农民必须富。"这将成为未来我国"三农"金融的主旋律。改革开放 30 多年来，我国的金融改革发展取得了巨大成绩，但农村金融始终是整个金融体系中最薄弱的环节。部分贫困和边远地区仍然存在金融服务盲区，农村经济转型融资难、农民贷款难的问题依然比较突出，农业生产缺乏有效的风险管理和风险补偿机制。因此，加快农村金融体制改革，改进对农村经济的服务质量，已成为当前解决"三农"问题的迫切要求。

受到这一宏大而又艰巨命题的感召，我一直致力于农村金融的研究工作，博士论文即以"论破解'三农'问题的正规商业金融路径选择"为题，立足于我国农村金融发展的矛盾与困境，尝试探索促进农户专业化、农业产业化和农村城镇化的金融改革路径。在特华博士后工作站工作期间，又进一步将村镇银行的可持续发展纳入研究视野，希望能为该类贴近农村弱势群体的新兴金融机构的蓬勃发展献计献策。

写作期间，恰逢我在山东省潍坊市农业银行挂职锻炼，利用这个宝贵的学习机会，走访了十余家当地的村镇银行，通过与这些村镇银行的董事长、高管人员及客户代表乃至当地监管机构工作人员的攀谈、交流，触碰到了第一手的"活资料"，使自身对农村金融特别是社区型金融机构的运营有了更深切的理解和体会。村镇银行虽小，但每一家都有着自身独特的企业文化和经营模式，而每一种文化和模式都是一种崭新的探索和演绎，集聚着智慧和经验，值得理论研究者和实践者细细品读，也使从业十余载的我，对商业银行的经营管理有了全新的认识。

论文的撰写得到了中国人民银行王华庆老师、宣昌能老师，中国生产力学会陈胜昌老师，中国人民大学张杰老师，中国社会科学院何德旭老师、王力老师的悉心指导，每一次征集他们的意见都使我受益匪浅，常有"豁然开朗"、"柳暗花明"的欣喜，感谢他们能在百忙中抽出时间，给予我无私的教导和关怀。论文受到了中国博士后科学基金的面上资助，有关成果先后被《财贸经济》、《农村金融研究》、《银行家》等刊物刊载，并有幸入选中国第二届财经博士后论坛的演讲论文，在此对有关单位一并致谢。感谢经济管理出版社给予本书在《中国社会科学博士后文库》出版的机会，宋娜副主任及其他工作人员为论文的编校付出了大量细致而又艰辛的劳动。最后，要感谢我的家人，这段时间挂职在外，是他们为我守候温暖、传递力量。家，是我心灵永远的港湾。

常　戈

2015 年 8 月于潍坊